디지털 의료의 미래,
커넥티드 헬스케어

Julian Nammin Cho (조남민)

The future of
digital healthcare,
CONNECTED
HEALTHCARE

박영사  서강비즈니스북스
SOGANG BUSINESS BOOKS

머리말

인간은 누구나 태어나서 생이 다하는 그날까지 건강한 삶을 추구한다. 건강은 개인이 일생 동안 성취하고자 하는 궁극적 가치(intrinsic value)이며, 동시에 행복이라는 목적을 실현하는 수단적 가치(instrumental value)이기도 하다. 세계보건기구(WHO) 헌장에 의하면, 건강이란 단순히 질병이 없거나 허약하지 않은 것을 말하는 것이 아니라 신체적·정신적·사회적으로 안녕한 상태를 의미한다. 헬스케어(healthcare)는 질병의 치료, 예방, 건강관리를 모두 포함하고 있다. 헬스케어 패러다임 변화의 주요 동인으로는 관련 기술의 발달, 사회적 요구, 국가별 정책 추진 등이 있다. 특히 COVID-19 이후 헬스케어 관련 산업의 지형이 바뀌고 있으며, 헬스케어 그 자체가 사회변혁의 중심에서 큰 관심을 받고 있다.

헬스케어 영역의 파괴적 혁신을 촉발시킨 사물인터넷(IOT)은 병원에서만 이용 가능했던 예방, 진단, 치료를 개별 가정에서도 접근이 가능한 토대를 만드는 데 기여했다. 이는 병원이라는 물리적인 공간의 제약을 벗어나 어디서나 가능한 디지털 헬스케어 분야로 전환시키고, 헬스케어 관련 시장의 영역을 확대시켰다는 의미를 부여할 수 있다. 또한 기존 공급자 중심의 서비스를 수요자 지향적인 방향으로 바꾸는 단초가 되었다는 점에서 시사하는 바가 크다. 디지털 헬스케어는 병원, 가정, 홈 헬스케어 제공자로 구성된 삼각 축의 가치 사슬을 만들었으며, 각각의 분절된 영역이 아닌 디지털 플랫폼(digital platform)을 통한 커넥티드 헬스케어 시스템(connected healthcare system)으로 진화하고 있다. 빅데이터 영역에서 주요 관심사로 떠오르고 있는 보건의료 분야 '마이 헬스 데이터(my health data)'가 대표적인 사례라 할 수 있다.

2000년대 초만 하더라도 지금의 커넥티드 헬스케어는 상상의 영역에서나 존재했으나, 인터넷 기반의 연결성과 IOT 디바이스는 고객 스스로 헬스케어를 할 수 있는 새로운 가치 사슬을 구현하였다. 인간 삶의 시작과 끝이 모두 병원에서 이루어진 의료는 디지털이 가져온 파괴적 혁신으로 말미암아 의료의 시작이 나로부터 시작해서 병원을 거쳐 다시 나로 돌아오는 새로운 가치의 순환구조로 변화되었다. 홈 헬스케어라는 새로운 시장은 의료기관과 가정을 연결시키는 디지털 커넥티드케어 솔루션 개발로 이어지고 있다. 기존 헬스케어 기업은 의료진만을 표적 고객으로 삼았으나 이제는 환자까지 포함시켜 사업 확장을 모색하는 관점(end to end)으로 변화하고 있다. 지식이 병원 혹은 의료진에게만 한정되어 정보의 비대칭성이 높은 의료 시장은 이제 최종 소비자인 환자를 더 고려해야 하는 상황에 직면하고 있다.

헬스케어 기업이 디지털을 기반으로 연결된 순환구조의 커넥티드케어에 대응하는 것은 이제 피할 수 없는 현실이 되었으며, 본서에서는 다음과 같은 전략적 시사점을 제공하고자 한다.

첫째, 헬스케어의 범주와 의미는 크게 변화하고 있으며, 이는 사회 전반에 큰 파급 효과를 미칠 것으로 예측된다. 헬스케어 변화 흐름에 대응하기 위해 관련 기업에게 주어진 가장 우선적인 과제는 커넥티드케어를 디자인할 수 있는 인재를 확보하여, 새로운 커넥티드케어 가치 사슬을 만드는 것이다.

둘째, 새로운 커넥티드케어의 가치 사슬을 구축한 후 최종 고객인 환자의 여정(patient journey)을 새롭게 정립하고, 이 과정에서 최종 고객을 연결점의 핵심으로 고려하는 것이 중요하다. 환자의 이동 경로를 도식화하여 다양한 접점을 발견한 후, 이를 전략적 기회 창출로 전환하는 전략이 필요하다. 헬스케어 기업의 핵심적인 비즈니스 활동은 환자의 여정에서 발생하는 경험적 요소와 연계하는 합리적 서비스 제공에 중점을 두어야 한다. 고객의 이동 경로를 충분히 파악함으로써 고객과의 온라인 상호작용을 포함하여 이동 경로별 제품과 서비스를 적용할 수 있는 기회를 창출할 수 있다. 또한 조직 내 부서 간 통합 활동을 통해 접점과 관련된 다양한 비즈니스 기회 상황을 현실적으로 검토할 수 있을 것이다.

셋째, 헬스케어 사업의 영업 마케팅 활동(commercial excellence) 및 운영 활동(operational excellence)을 고객의 여정과 연계하여 하나의 흐름으로 통합하고 조직화하는 가치 흐름도(value stream mapping)를 만드는 것이 중요하다. 고객의 입장에서 고객이 가지고 있는 문제를 바라보는 관점이 필요하며, 고객지향적 접근으로 대응책을 마련하는 것이 차별적 경쟁 우위를 확보하는 길이다.

넷째, 헬스케어 제품과 서비스의 디지털화다. 단순히 의료진 혹은 병원을 위한 디지털이 아닌 가치 흐름도에 포함되어 있는 영업 마케팅, 운영 등 모든 기능과 영역이 대상으로 고려되어야 한다. 특히 최종 서비스의 수혜자인 환자에 대한 디지털 솔루션을 준비하는 것이 필수적이며, 환자의 알 권리를 병원과 의료인 입장에서 도와주고 궁극적으로 최종 고객인 환자에게 충분한 정보를 제공하는 것이다. 이를 위해서는 반드시 고객 중심의 가치 제안(value proposition)이 필수적이라 할 수 있다.

본 저서에서는 4차 산업혁명의 주요 기술과 미래사회를 예측하는 데 빠질 수 없는 디지털 헬스케어 산업으로의 대전환과 커넥티드 헬스케어 사업의 본질적 통찰을 제공하려고 한다.

주제어

헬스케어, 디지털 헬스케어, 커넥티드 헬스케어, 헬스케어 솔루션, 커넥티드 헬스케어 가치사슬, 커넥티드케어 환자 여정, 헬스케어 디지털화, 환자 중심 디지털 헬스케어

목차

표 목차

그림 목차

Introduction

서론

인간의 본질적인 욕구 중에서도 생명에 대한, 그리고 건강 유지에 대한 욕구는 태초부터 지금까지 변하지 않고 이어져 오는 유일한 것이다. 의식주는 인간의 기본적인 욕구라 할 수 있지만 그보다 더 선행되어야 하는 것은 이를 유지하기 위한 건강이며, 세상의 가치관과 관념이 변한다 할지라도 사람의 건강에 관련된 관심과 집중도는 해마다 더욱 높아지고 있다.

특히 21세기에 들어 전 세계를 공포로 몰아넣은 코로나19로 인해 건강에 대한 관심은 일상 속 가장 큰 화두가 되었다. 현대 사회는 그 어느 때보다 건강에 대한 갈망과 건강한 삶이라는 목표를 지향하고 있다. 이런 시대적 흐름에 따라 의료 헬스케어에 대한 관심이 급속하게 높아지고 관련 시장에 비대면 기술이 적극 적용되면서 온라인 헬스케어 시장도 크게 늘어나고 있다. 미래를 주도하는 많은 디지털 기술들이 헬스케어 시장과 접목하면서 우리의 미래 헬스케어는 대면이 아닌 비대면, 그리고 다수가 아닌 개인화 건강관리 체계로 진화하고 있다.

저자가 헬스케어 시장에 처음 입문했을 때 헬스케어 시장은 모든 것이 오프라인에서 일어나는 병원 중심의 시장이었으며 특히 의료기기(Medical device)의 시장은 철저하게 공개되지 않은 클로즈드 마켓(인터넷을 활용한 오픈 마켓이 아닌 철저하게 감춰져 있는 마켓)이었다. 헬스케어 시장은 정보의 비대칭성이 유독 강한 분야이다. 환자 혹은 개인보다는 정부 혹은 의료기관에서 모든 정보를 가지고 있기에 실질적인 경제적 이해관계를 가진 당사자들에게 정보가 나눠지지 않고 의료기관에 기울어져 있다는 것이다. 사실 일반인과 전문가 사이에 발생하는 지식과 정보의 차이는 비즈니스에 더 유리했기에 이러한 경제적 관점이 정보의 비대칭성을 더욱 유발했다는 시각도 존재한다. 현실적으로 일반인이 의료기관 혹은 전문가(의사, 간호사)보다 더 많은 관련 지식을 습득하기는 어렵다. 온라인에 아무리 광대한 정보가 존재하더라도 의료 분야에서 전문가의 권한은 절대적이다. 또한, 헬스케어의 시작은 오프라인으로 이뤄진 그리고 병원 중심의 의료체계를 갖고 있기에 전 세계적으로 DIY(Do it your self)가 될 수 없는 시장이다. 헬스케어는 근본적으로 생명과 직접적으로 연결되어 있는 분야이기에 의료 전문가의 주관하에서 비즈니스가 이루어지는 것이 기본적이며 올바른 방향이다.

하지만 정보의 양이 너무 한쪽으로 기울어져 있는 문제는 타 산업군보다 투명성이 떨어져 많은 사회적 우려와 걱정을 낳기도 한다. 특히 2010년부터 미국에서 시작된 '선샤인 액트(sunshine Act)'처럼 미국 의약품 공급업체가 의사나 의료기관에 경제적 이익을 제공할 시 모든 지출 내역을 공개하도록 한 경우를 본다면 정보의 비대칭성이 야기한 의료산업의 부정적인 부분이 존재하였음을 알 수 있다. 이에 보다 근본적인 의료 정보의 비대칭성을 해결하기 위한 대안이 반드시 필요하며, 커넥티드케어(Connected Care)는 그 근본적인 해결책 중 하나가 될 수 있다. 현대사회의 급속적인 디지털화는 커넥티드케어를 이끌고 있다. 특히 디지털 트랜스포메이션(Digital Transformation), 즉 모든 자원을 표준화·모듈화해서 이들이 디지털 세상에서 초연결성(Hyper connectivity) 그리고 초지능성(Hyper intelligence)을 갖게 되는 것은 의료 케어 시장에도 마찬가지로 적용된다. 헬스케어의 본질은 분명 병원 안에서 진행되는 의료 행위만이 아닐 것이다. 사람은 유전적 인자나 일상의 생활습관으로 인해 질병을 얻고 이에 대한 이상 반응을 관찰하면 병원에 방문해 진단을 받게 된다. 병원은 해당 질병에 대한 치료 혹은 수술 등의 직접적인 행위를 수행한다. 치료를 마치면 환자는 다시 일상으로 복귀해 스스로 질병을 관리하게 된다. 이는 지금껏 헬스케어의 본질적인 순환고리, 즉 헬스케어 가치 사슬(Value chain)의 모습이었다.

모든 질병은 가정에서 생겨나고 다시 의료기관에서 치료를 받고 다시 가정으로 돌아오게 된다는 걸 생각하면 우리의 본질적인 의료의 가치 사슬을 좀 더 정확히 이해할 수 있다. 하지만 현재까지도 의료기관 중심의 의료가 이뤄지고 있기에 정보의 비대칭성이 존재하며, 동시에 더 넓은 의료, 즉 가정에서 병원, 그리고 다시 가정으로(Home to hospital and Homecare)의 큰 틀 안에서의 의료 시스템은 아직 정착되지 못하고 있다.

미래의 헬스케어의 모습은 초연결성(Hyper connectivity)과 초지능성(Hyper intelligence), 즉 가정에서 병원으로 그리고 다시 홈케어로 연결되는 복합적 의료 가치 사슬의 구조에서 보다 본질적인 해답을 찾을 수 있을 것이다. 이는 4차 산업혁명의 의료혁신에 보다 근본적인 응답이며 동시에 디지털 기술을 활용한 인간과 산업, 그리고 경제의 질문에 의료 업계가 고민해야 할 본질적인 과제라고 할 수 있다.

그림1 독일의 홈 헬스케어 시장 전망

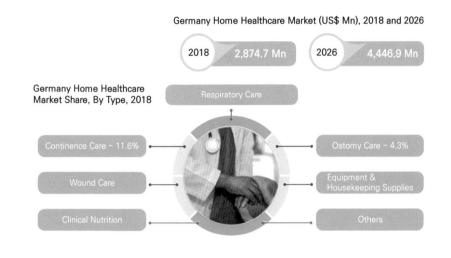

4차 산업의 핵심은 온디맨드 서비스를 제공하기 위한 디지털 트랜스포메이션(Digital Transformation)이다. 이는 의료에 있어서 가장 중요한 핵심이며 가정, 병원 그리고 홈 케어의 솔루션을 하나하나의 자원으로서 모듈화하고 디지털 데이터로 변혁해 고객 혹은 환자가 요구하는 모든 건강관리 솔루션이 환자에게 온디맨드 서비스로서 구현되게 한다. 이는 의료의 온디맨드 서비스, 즉 환자가 갖고 있는 문제를 원하는 시기에, 원하는 형태로, 원하는 장소에서 해결할 수 있도록 하는 의료혁신의 중심이다. 의료의 디지털 트랜스포메이션은 분명 이전 오프라인에만 존재했던 의료체계의 변화를 요구하는 것이며 비효율적이었던 사회적 기회비용, 즉 의료비에 대한 근본적인 최상화를 이룰 것으로 기대되며 의료 혁신에 가장 선봉이 될 수 있는 부분이다.

의료기관, 즉 현재 병원 중심의 헬스케어 체계를 고객 구매 여정이라는 마케팅 도구로서 생각해 본다면, 분명 헬스케어는 가정(홈, Home)으로부터 시작된다는 것을 알 수 있다. 이는 우리가 본질적인 헬스케어의 시작점, 즉 디지털의 시작이 가정의 건강 관리로부터 출발하는 것과 일맥상통한다. 많은 전자 혹은 통신 기업들이 앞다투어 개인화 건강관리에 대한 웨어러블 장비를 선보이고 있다. 손목에 착용하는 스마트 워치가 가장 대표적인 예이다. 스마트 워치는 단순한 시간을 확인하는 개인형 디바이스가 아니라 건강을 체크하고 관리하는 도구로 발전했으며, 현재도 일상생활에서 건강을 관리할 수 있는 가장 보편적인 개인형 장비가 되었다. 개인은 스스로 인지하지 못하는 사이에 이러한 디지털 장비를 통해서 가정에서의 헬스케어를 시작하였고, 이 시장에 이미 많은 전자 회사들이 진입해 있는 상황이다.

과거 병원이나 제약회사에 머물렀던 의료 시장이 이제는 ICT(information and communications technology)라는 이름으로 가정의료체계, 홈 헬스케어 시장을 열었다 해도 과언이 아닐 것이다. 디지털 기반의 개인형 장비들은 스스로 건강정보를 수집, 생산, 가공, 보존, 전달, 활용하고 있으며 더 나아가 사물 인터넷은 사람과 사람 사이, 인간과 사물 사이, 사물과 사물 사이를 연결하면서 앞으로의 더 폭넓고 깊은 디지털 헬스케어의 가능성을 보여주고 있다.

병원에 직접 방문해 건강 정보를 확인하기 이전에 사람들은 일상 속에서 자신의 건강 관련 데이터를 확보할 수 있고, 장기간 동안 확인이 가능하다. 병원에서 단편적이고 간헐적으로 건강 정보를 확인하는 것보다 더 많은 데이터를 쌓을 수 있는 장점이 있다. 예를 들어 병원에 방문한 날, 그 시간의 혈압만 이벤트성으로 체크하던 것을 이제는 일상생활에서 매일 혈압을 체크하며 스스로 관리 및 진단이 가능하게 된 것이다. 이는 질병의 확인이라는 하나의 과정이 단순히 한 시점만을 가지고 확인하는 것보다 장기간 동안 확인할 수 있기 때문에 보다 더 정확한 혈압관리가 가능하다. 이처럼 디지털 홈헬스케어는 질병을 진단하는 데도 더 근본적인 방법으로 인식되고 있다.

그림 2   모바일을 통한 건강기록 사례

웨어러블 시계를 통한 건강관리가 이제는 심혈관 계통의 질병인 부정

맥의 진단을 돕는 기초적인 데이터로 활용될 수 있기까지 기술이 발전되었다는 사실은 놀라운 일이 아니다. 특히 부정맥의 경우 병원에서의 진단보다 일상생활에서 확인되는 경우가 더 많으며, 장기간의 추적관찰이 가장 필요한 질병이다. 진단 정확도를 보다 높이기 위해서는 단순히 병원에서 진단의료기기로 확인하기보다 일상 생활 중에서 체크, 진단되도록 유도하고 있다. 병원에서 사용하는 부정맥 진단 의료기기의 대표적인 예는 GE사가 개발한 홀터(Holter system)이다. 이는 24시간 혹은 48시간에 걸쳐 사용되는 진단 의료기기이지만 부정맥의 진단은 환자가 이상징후를 느끼는 순간에 확인해야 하기에 그 한정된 시간 내에 진단되지 않을 확률이 높다. 부정맥은 장기간에 걸쳐 데이터를 확보해야 진단 정확도를 더 높일 수 있다. 하지만 현실적으로 병원에서 임대로 사용되는 홀터 기계를 48시간 이상 환자에게 적용하는 경우는 극히 드물다. 그에 대한 의료비 지출이 크기 때문에 어려운 것이다. 그러나 웨어러블 시계를 통해서는 보다 장기간의 추적 관리가 가능하며 일상 생활에서 확인이 쉬운 장점이 있어 홈 헬스케어의 중요성이 더욱 절실하게 부각된다.

오프라인에만 머물렀던 헬스케어가 지금의 커넥티드케어로 발전되면서 상상속에서나 가능했던 일들이 현실로 이루어지고 있다. 인터넷 기반의 연결성, 그리고 IOT 베이스의 디바이스들로 인하여 새로운 시장과 가치 사슬(value chain)의 새로운 변화를 창출하였으며 이제는 고객(환자) 스스로가 만들어내는 헬스케어가 가능하게 된 시대가 도래했다. 디지털이 발전하기 전에는 의료의 시작이 병원에서 시작되어 병원에서 끝이 났지만 디지털이 가져온 파괴적 혁신은 의료의 시작이 나로부터 시작해서 병원을 거쳐 다시 나로 돌아오는 새로운 가치의 순환 구조로 자리매김하게 된다.

그림3 스마트 워치를 통한 건강상태 측정 사례

이는 홈 헬스케어의 새로운 시장을 만들었으며 의료기관과 가정을 연결시키는 디지털 커넥티드케어 솔루션을 도출하게 되었다. 이로써 기존의 헬스케어 회사들은 더 이상 의료진과 업계 전문가만을 타깃층으로 두지 않고, 최종 사용자인 환자까지 고려하는 엔드 투 엔드(End to End)의 관점으로 사업을 확장하고 있다. 더불어 이제는 모든 관련 지식이 병원 혹은 의료진에게만 한정해 공유되는 것이 아니라 최종 소비자, 즉 환자들이 모든 데이터와 관련 지식을 함께 전달받고 바로 확인할 수 있는 새로운 열린 패러다임을 만들게 되었다.

이러한 변화는 헬스케어 회사의 입장에서 디지털을 기반으로 연결된 순환구조의 커넥티드케어에 대응하여야 할 명제를 만들어 주었다. 이를 위해 본인의 경험을 토대로 헬스케어 산업의 커넥티드케어 수행에 있어 반드시 선행되어야 할 네 가지 제반 사항과 그 전략적 대안들을 제시하고 자 한다.

첫째, 헬스케어의 고전적인 사업 방식, 즉 물건의 흐름에 따라 일어나는 거래의 사업 방식(박스 세일즈, Box selling)의 인재상에서 벗어나 커넥티드케어를 디자인할 수 있는 인재를 확보해야 하고 새로운 커넥티드케어 가치 사슬을 만들어야 한다

둘째, 새로운 커넥티드케어의 가치 사슬을 구축한 후 환자 여정(patient journey, 환자 이동 경로)을 새로이 정립하여 연결점을 환자 그리고 사업의 입장에서 고려하여야 한다. 또한 회사는 환자 여정을 도식화하여 다양한 접점에서 기업의 환자 경험에 대한 개괄적이며 합리적인 서비스를 제공할 수 있어야 한다. 일단 만들어지면, 이 환자의 이동 경로는 개인(환자) 및 온라인 상호 작용 외에도 제품과 서비스 모두에 적용될 수 있다. 또한 커머셜 팀, 커뮤니케이션 팀, 운영 팀 등 여러 부서 간의 팀워크로 접점에 관련된 비즈니스의 모든 부분을 가장 현실적인 상황에서 검토할 수 있다.

셋째, 헬스케어 사업의 영업 마케팅 활동(commercial excellence) 및 운영 활동(operational excellence)을 고객 여정과 연계하여 하나의 흐름으로 통합하고 조직화하는 가치 흐름도(value stream mapping)를 만드는 것이 중요하다. 고객의 입장에서 고객이 가지고 있는 문제를 바라보는 관점이

필요하며, 고객지향적 접근으로 대응책을 마련하는 것이 차별적 경쟁 우위를 확보하는 길이다.

넷째, 헬스케어 제품과 서비스의 디지털화다. 단순히 의료진 혹은 병원을 위한 디지털이 아닌 가치 흐름도에 포함되어 있는 영업 마케팅, 운영 등 모든 기능과 영역이 대상으로 고려되어야 한다. 특히 최종 서비스의 수혜자인 환자에 대한 디지털 솔루션을 준비하는 것이 필수적이며, 환자의 알 권리를 병원과 의료인 입장에서 도와주고 궁극적으로 최종고객인 환자에게 충분한 정보를 제공하는 것이다.

헬스케어 사업에서 고객이 누가 되어야 하는가는 분명하다. 이전의 표적 고객이 의료진과 병원이었다면, 이제는 최종적인 서비스 수혜자인 환자로 전환되고 있음을 인식하는 것이 급선무이다. 하지만 헬스케어의 본질을 정확히 이해하기 위해서는 단순한 B2C적 사업의 전개가 아닌 B2B2C의 사업의 전개가 가장 중요한 부분으로 인식된다. 즉, 헬스케어의 고객이 마지막 최종 고객만을 중심으로 둘 수 없다는 것이다. 이는 헬스케어의 복잡한 상태계를 이해할 수 있어야 하며 의료기관, 의사, 보험사 및 환자 등 다양한 이해관계자들이 서로 상호작용하여 마지막 단계의 의료서비스를 최종 산물로 제공하기 때문이다. 그렇기에 우리가 고민하고 있는 미래의 헬스케어 영역에서 최첨단의 디지털 변화가 헬스케어 산업에 미치는 영향을 근본적으로 파악하기 위해서는 반드시 고객 중심의 가치 제안(value proposition)은 필수적이라 할 수 있다.

The era of digital healthcare

디지털 헬스케어의 시대

01

커넥티드 헬스케어 시대의 도래

COVID-19로 인해 발생한 많은 사회적 변화 중 의료에 대한 변화는 다른 여타 산업에 비하여 매우 크게 다가온 것이 사실이다. 이제는 건강의 관리뿐만 아니라 의료기관 중심의 헬스케어 체계에서 가정에서 시작되는 건강관리로 패러다임이 바뀌었다고 해도 과언이 아니다. 특히 대한민국에서 겪었던 호흡기 질환 중 COVID-19는 원격진료 혹은 원격 모니터링과 관련된 화두를 더 이상 상상 속에만 존재하는 것이 아닌 현실의 세계로 불러들였다. 의료는 공공의 이익을 위하여 반드시 공공 다수 중심으로 이루어져야 하기에 다른 산업과는 달리 개혁에 많은 시간과 논의가 필요한 것이 사실이다. 특히 원격진료에 관련해서는 각기 다른 이해 당사자들의 합의와 정부, 그리고 환자에 이르기까지 많은 부분에 있어 완벽한 합의가 매우 중요하다. 하지만 COVID-19의 갑작스러운 발병으로 어떤 사회적 합의에 이르기 전에, 원격진료는 반강제적으로 시도될 수밖에 없었다.

특히 원격의료는 비대면 의료로 사용되어 진단, 그리고 치료에 이르기까지 매우 넓고 다양한 분야로 확대되었으며 진단 부분에는 원격 모니터링(예: 웨어러블 헬스케어 장비), 치료에는 원격진료, 그리고 디지털 치료제(예: 만성질환관리 및 질환 치료)에 이르기까지 많은 부분의 발전에 촉매제로 작용되어 4차 산업에 부합되는 디지털 헬스케어 혹은 스마트 헬스케어의 단계로 진입하게 되었다. 이는 기존 공급자, 예를 들어 의료기기와 같은 경우 환자에게 직접 공급을 하였다면 이제는 모바일 애플리케이션 그리고 통신사의 통신망을 통한 부분까지 융복합되어 보다 새로운 디지털 헬스케어의 환경이 조성된 것으로 볼 수 있다. 아울러 AI와 같은 인공지능 기술의 발전으로 인하여 보다 체계적이고 능동적인 디지털 헬스케어의 산업 생태계를 구축하게 된 것이다.

COVID-19로 인하여 국내에서는 2022년 2월부터 한시적으로 '전화 상담 및 전화처방'을 시작했다. 코로나 감염 우려로 제때 진료를 받지 못하는 환자들이 감염의 위험 없이 치료받을 수 있도록 하는 취지로 시작되었고, 이는 그간 원격진료 자체가 법적으로 금지되었기에 어떠한 관련 시스템 구축 없이 시작하게 되어 어려움이 있었지만 의료의 특성상 정확한 시기에 지체 없이 의료의 틀 안에서 환자를 케어할 수 있다는 의미 있는 진전으로 해석됐다. 그간 의료계는 이런 원격진료가 국민의 건강권을 훼손할 수 있다는 걱정 때문에 비대면 진료를 거부해 왔다. 그러나 COVID-19가 가지고 온 사태의 심각성이 일시적으로 의료계 또한 함께 동참할 수 있도록 만드는 기폭제 역할을 한 것이다.

원하든 원하지 않든 원격진료에 대한 철옹성 같은 문을 스스로 열고,

진화의 단계로 접어들었다. COVID-19가 야기한 부정적인 부분을 보기에 앞서 긍정적인 의료체계의 변화에 분명 우리는 응답해야 하며 어떤 준비가 되어 있는지도 생각해야 하는 시점이다. 시행 초기에 전화처방 관련 공문이 의료기관에 전달되지 않아 많은 손실이 있었으며 진료를 거부하는 의료기관이 있었고, 코로나의 상황이 장기화되며 이에 따른 전화 상담 건수가 폭등하게 되었지만 정작 원격의료에 대한 보다 근본적인 시스템 체계가 제대로 준비되지 않아 아직도 숙제로 남아 있는 것이 사실이다. 이런 부분을 다른 방식으로 해석하자면 그간 의료의 체계가 의료기관에 집중되어 있었기에 가정과 의료기관의 연결성, 즉 커넥티드케어(Connected Care)의 준비가 되어 있지 않았다는 역설적인 부분을 단면으로 보여준 것이다.

그림 4 코로나 발생 이후 원격의료의 사례

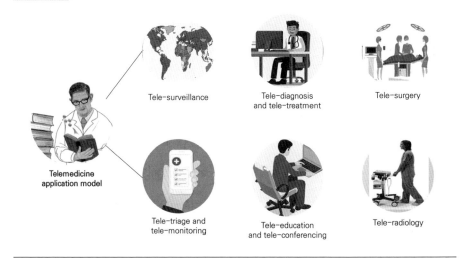

예를 들어 병원에서는 환자로부터 진료 요청이 들어오면 간호사가 이를 의사에게 전달하고, 의사가 가능한 시간에 다시 환자와 전화진료 상담을 약속해야 한다. 환자 상담이 끝나고 나서 처방전은 어떻게 처리하며 어느 약국을 통해 제조를 하고 처방을 진행할지, 간호사는 이 내용을 원무과에 다시 취합해 전달하는 일련의 과정을 수작업으로 진행하게 된 것이다.

분명 비대면 진료를 계속적으로 이어가는 부분에 대해서는 많은 고민과 사회적 합의가 있어야 하지만 IT기반 원격진료는 이제 전 세계적인 움직임이며 동시에 의료의 접근성이 떨어지는 지역의 경우 그리고 환자와 환자의 감염, 혹은 환자와 의료진과의 감염을 최소화하기 위한 대안으로 자리매김 하고 있는 시점이기에 단순히 한쪽 집단 혹은 기관의 입장이 아닌 대 국민 건강관리라는 명제로 준비되어야 할 것이다. 이를 현실화하기 위해서는 분명 홈 헬스케어, 즉 가정에서의 건강관리가 이뤄질 수 있는, 그리고 기초 건강 체크가 될 수 있는 사물 인터넷(IOT) 기반의 의료기기가 필수적으로 보편화되어야 할 것이다. 또한 모든 진료에 관련된 기록과 활용, 그리고 전달에 있어서도 디지털화되어 의료기관 혹은 정부에만 기록되는 환자의 건강정보가 이제는 환자 개개인이 소유하고 관리하여 활용할 수 있도록 온라인 플랫폼으로 관리되도록 하는 새로운 체계가 필요해졌다.

02

마이 헬스 데이터의 주권 회복

개인의 건강 데이터는 홈 헬스케어와 병원 헬스케어의 연결성 면에서 매우 중요한 부분이며 이는 커넥티드케어의 가장 중요한 핵심 요소라 할 수 있다. 그렇다면 현재 개인의 건강 데이터는 누가 어디서 관리하게 되는지 주체부터 따져봐야 한다. 현재 어떤 질병으로 인해 의료기관을 통해 MRI 혹은 CT촬영을 하게 된다면 그 데이터의 주인은 환자 본인이 아니라 의료기관이다. 과거 병원에서 촬영한 개인의 MRI 혹은 CT촬영 이미지를 본인이 자유롭게 소유할 수 없고 이는 그 해당병원에 보관된다. 다른 병원으로 옮길 때에도 해당 데이터를 쉽게 받지 못하고, 다시 촬영해야 하는 번거로움과 금전적 손실이 유발된다. 모든 의료기관은 병원전자 의무기록 시스템(EMR system: Electronic Medical Record system)을 작성하도록 되어 있다. 이는 환자를 통합적으로 관리하고 활용하기 위해 기록을 작성, 관리, 보전하는 전자 정보 시스템이다. 하지만 개인의 건강 정보는 예민하고 사적인 데이터로 분류되어 의료기관 밖으로 유출되지 않고 원내에서만 사용되도록 규정되어 있다. 결국 해당 정보의 관리에 대한 최종 주최는 의료기관이다.

하지만 많은 환자들이 정보 접근과 정보 이전의 어려움을 토로함으로써 현재는 클라우드 서비스를 시범적으로 운영하고 있다. 통신망을 이용해 언제 어디서든 데이터에 접근이 가능하고 자원 확장이 유연한 장점을 활용하여 인공지능, 빅데이터 등 디지털 헬스케어를 구현하려는 핵심 데이터로 자리매김하기 위해 국가적 차원에서 과제로 추진하고 있는 실정이다. 하지만 보다 근본적으로 우리가 고민해야 하는 부분은 그 데이터의 주인이 누구이며 누가 관리를 하고 또 누가 관리를 하도록 허락해야 하는지 보다 근본적인 고찰이 필요하다.

모든 건강 데이터의 주인은 나 자신, 즉 마이 헬스 데이터라 할 수 있다. 이는 나의 건강 데이터를 내가 지정하여 관리하도록 하고 모든 관리 감독도 나로부터 시작한다는 개념이다. 의료 시스템에 있어서 개개인은 자기정보 결정권을 보장받을 수 있어야 하며 이는 진료 중심에서 예방 중심으로 변화하고 있는 현 시대에 반드시 필요한 부분이다. 병원 중심에서 환자 중심으로 의료 데이터의 성격이 변하는 데이터 주권의 회복이 매우 중요한 시점이라고 할 수 있다.

보건복지부는 2023년 초 시범적으로 '마이 헬스웨이(의료 마이 데이터) 시스템'을 개통해 디지털 강국으로 진입하고자 하는 포부를 밝혔다. 그러나 정작 의료법 제21조, 또는 21조 제2항에 따라 민간 기업에는 개인 진료 기록을 전송할 수 없기 때문에 헬스케어 강국으로 진입하기 위한 걸림

돌이 존재하는 것이 사실이다. 특히 최근에 마련된 전자정부법 하위 조항에서 '본인에 관한 행정정보의 제공 등에 관련 고시'에 따르면 정보 주체의 요구에 의해 제공할 수 있는 본인 정보로 국민건강보험공단, 질병관리청, 건강보험 심사 평가원 등이 보유하고 있는 건강 관련 정보가 포함되어 있기에 이러한 정보를 정부가 운영하는 앱으로만 전달할 수 있으며 해당 건강정보를 열람할 수 있는 의료정보도 120만 명의 진료 데이터로 제한되어 있다. 전체 건강보험 진료 환자 중 약 3%만 선별해서 비식별 의료정보를 제공하기에 의료 데이터 활용에 많은 어려움이 있었다.

그림 5   마이 헬스웨이 플랫폼

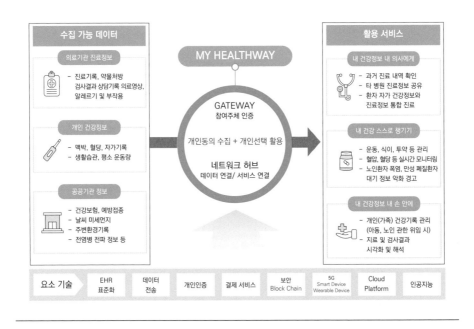

건강 데이터는 예민 데이터로 분류되기에 조심스럽고 철저하게 관리되어야 하는 것이 당연하다. 하지만 정부의 폐쇄적인 건강 데이터 개방정책이 4차 산업의 혁신성에 부합되지 않는 부분이기에 의료 건강 데이터를 우선적으로 개방하여 좀더 데이터 이동성에 대한 보장과 데이터 주권이 국민 개개인의 것이 될 수 있도록 하는 여건의 형성이 매우 중요하다. '내 건강 데이터는 나의 것'이라는 헬스데이터 주권의 회복이 커넥티드케어의 시발점이며 동시에 국제적 혹은 국내에서 불특정 다수의 희망자에 한하여 진행되는 헬스데이터 제공을 통한 데이터 거래를 만들어 낼 수 있다. 그리고 이는 또다른 헬스케어 시장의 확대에 기여할 수 있다. 마이 헬스 데이터 사업의 전개와 확장은 데이터 주권이 반드시 확보되어야 하는 전제에 따른다.

03

커넥티드 헬스케어 중심의 미래 의료

미래 의료의 주요 개념은 예방적 의료, 맞춤적 의료, 참여적 의료, 예측적 의료로 정의가 될 수 있다. 이는 2000년대 중반에 제안된 것으로 미래 의료 혁신의 목표를 의미했으나, 최근 다양한 디지털 의료기술의 발달과 이를 통한 빅 데이터 기술의 진화로 인하여 치료중심의 의료에서 예방의 의료로 그리고 본인이 직접 본인의 관리 주체로 변화함에 따라 맞춤의료와 참여적 의료로 변화되고 예측적 의료로도 변화되고 있다.

■ 예방적 의료: 고전적인 헬스케어의 의미는 치료중심의 의료였으나 이제는 다양한 디지털 기술의 발달로 인하여 질병이 발병하기 전에 사전 예방적인 차원의 의료로 발전한 것이다. 예방적 의료는 유전적인 요인과 생활에서의 환경적 요인에 주된 영향을 받기 때문에 디지털 기술을 기반으로 하여 질병 발생의 정도를 예측하여 예방하도록 한다.

- 맞춤적 의료: 모든 의료적 반응이 개인마다 다름을 인지하고 다양한 디지털 기술을 통하여 의료적 반응을 개인에 최적화하여 기존의 일률적인 의료 혹은 처방이 아닌 개인에 특성에 따라 의료를 최적화하는 것이다.

- 참여적 의료: 다양한 디지털 기술의 발달로 인하여 환자가 의료기관 혹은 의사와 함께 디지털 플랫폼을 통하여 의료의 전반에 참여하고 일방적인 의료가 아닌 양방향의 커뮤니케이션이 가능한 의료를 말한다.

- 예측적 의료: 지오믹스와 같이 디지털 기술의 발달로 인하여 질병의 발생 확률에 대한 부분을 사전에 예측하고 이를 통하여 질병을 사전에 방지하고 생체 신호를 계속적으로 분석하여 질병을 예측하여 사전에 건강과 관련된 방대한 데이터를 측정하여 다차원적인 데이터를 분석해 사전에 질병을 예측하는 것이다. 인공지능의 발전은 예측적 의료에 중요한 부분으로 대두되고 있다.

위의 네 가지 디지털 헬스케어에서의 의료는 사물 인터넷(IOT)이 적용된 스마트폰이나 웨어러블 등을 활용하여 환자 본인이 병원뿐 아니라 일상생활에서 자신의 건강 상태를 지속적으로 파악하는 것이 기본이다. 이로써 개별 환자의 특성에 맞는 맞춤치료를 제공하고 질병의 발병, 재활, 악화를 사전에 예측하고 더 나아가 예방까지 모색하는 의료를 펼칠 수 있다. 이는 환자 본인의 자발적인 참여로 시작되며 참여의료에 대한 요구를 만들어 내도록 되어 있다. 환자 데이터에 기반하여 해당 자료가 공유되고 전송되어 통합 분석의 과정을 거쳐 디지털 의료의 4P를 실현해 나갈 수 있다는 의미이기에 헬스 데이터에 대한 개인의 관리가 매우 중요함을 다시 한번 역설하게 된다. 건강한 삶이 유지될수록 의료는 치료 혹은 처방의 수보다 진단과 관리에 대한 사항이 늘어가게 된다. 이로 인하여 가정으로부터 시작되는 헬스케어(홈 헬스케어)가 매우 중요하며 홈 헬스케어 데이터를 디지털 플랫폼으로 전환하여 가정과 병원의 커넥티드케어를 펼칠 수 있게 될 것이다.

2005년에 개봉한 영화 '아일랜드'를 통해 의료의 미래에 관한 몇 가지 정보를 얻을 수 있다. 이 영화는 인공 장기에 관련된 사회의 부조리와 생명존중에 주제를 다루며 우리 사회의 어두운 부분을 보여주고 있다. 특히 개인의 건강 관리에 대한 단편적인 사례를 엿볼 수 있다.

아침에 일어난 남자 주인공은 본인의 소변을 채취하여 건강 상태에 대한 실시간 점검을 한다. 이 데이터를 통해 현장에서 즉각 진료가 가능하도록 실시간으로 진료 기록, 처방, 검사결과, 투약 기록 등 임상정보를 등록 및 조회해 포인트 오브 케어(POC-Point of Care)를 만들어낸다. 이는 환자가 아닌 일반인(질병에 걸리지 않은 상태)이 유전자 검사를 통해 개개인의 건강 지수를 데이터화하여 식단을 짜고 운동량을 체크하는 등 체계적으로 건강을 관리하게 돕는다. 근본적으로 가지고 있는 유전적 문제를 사전에 진단하여 해당 질병을 피해가거나 원천적으로 제거, 제어할 수 있도록 해 더 나은 삶의 질을 유지할 수 있게 하는 것이다. 이것이 바로 질병으로 가기 전 예방하는 차원에 더욱 포커스를 맞춘, 디지털 4P 의료를 현실화한 것으로 개개인의 예방의료, 맞춤의료, 참여의료, 마지막으로 예측

의료를 구체화한 것이다. 이제 병원 밖 일상생활에서 환자가 스스로 만들어 내는 데이터까지 모두 포괄하여 근거중심 의료의 부족한 부분을 보완하고 있다. 데이터의 범위가 더욱 확대되며 현재의 임상적 판단이 최신 임상연구 결과에서 도출되어 병원에서만 이뤄지는 것이 아니며 온디맨드 의료, 즉 내가 있는 곳 어디서든지 항상 직접 운영되며 집단이 아닌 개인으로 환자가 인식되기 시작했음을 정확히 보여주고 있다.

커넥티드케어의 중심은 일상 생활에서의 데이터 측정을 통하여 언제 어디서든 객관적이고도 높은 밀도의 데이터를 생산하고 이들을 통합해 한 사람의 건강에 대한 큰 그림을 완성하는 것이다. 수집한 데이터를 통합하여 헬스케어 데이터 플랫폼과 클라우드 컴퓨팅의 인프라를 기반으로 하여 환자의 상태를 실시간으로 모니터링하고 질병을 치료, 더 나아가 예측 의료와 예방 의료를 구현하는 데 있다. 여기에는 기존에 의료진이 하는 헬스 데이터 해석 부분을 AI를 통한 인공지능을 활용하는 것도 고려되어 진다.

물론 원격 환자 모니터링이 환자의 치료에 효과적인지 여부와 시스템 및 인력에 대한 추가적 비용 문제 등 해결해야 할 많은 과제는 남아 있으나 AI 인공지능을 통하여 24시간 내내 지속적으로 데이터를 측정하는 것은 큰 의미가 있다. 모든 기간 데이터를 실시간으로 의료진이 확인하기는 어려운 부분이기 때문이다. AI기반의 커넥티드케어는 이런 부분에 있어 매우 중요하며 AI를 통한 진단은 예방과 예측이 가능해야 한다. 이를 위하여 현재 의료기관에 집중되어 있는 의료진의 범위를 홈 헬스케어까지 범위를 확장하여 원격 의료가 가능한 전문가의 양성이 매우 절실한 상황이다. 이는 디지털 헬스케어의 기본 인프라가 될 수 있는 디지털 영역의 기술적 발전에도 매우 중요한 과업이다.

커넥티드 헬스케어의 필요성

　20세기에서 21세기로의 변화를 이야기할 때 우리는 줄곧 인간의 역할이 줄어들고 인간의 역할을 로봇이 대신한다고 이야기해왔다. 기술, 특히 디지털이 가지고 온 엄청난 파급력은 누구도 부인할 수 없다. 기술의 발전은 인간의 삶에 혁신을 불러 일으켰지만 한편으로는 두려움을 주기도 했다. 21세기 기술혁신의 화두인 인공지능(AI) 영역이 특히 그러하다. 이세돌 9단과 알파고 AI가 바둑 대결을 했을 때 우리는 분명 많은 부분에 있어서 기술 진보의 변화가 어디까지 왔는지를 분명히 경험하였고, 인공지능은 비록 디지털로 만들어진 학습 능력이지만 사람과 같이 학습 능력을 통하여 진화할 수 있음을 알 수 있었다.

　분명 과학 기술의 발전은 디지털 헬스케어를 태동하게 만들었으며 그에 따른 개개인의 생체 및 의료정보에 인공지능과 빅데이터 등 ICT기술을 정확히 활용하고 최적화된 디지털 의료의 4P를 가져온 것이 사실이다. 특히 최근에는 바이오 센서 및 웨어러블 스마트 의료기기의 발달과 동시에 4차 산업혁명까지 함께하게 되면서 고전적인 헬스케어에서 이제는 분명한 단계 높아진 디지털 헬스케어로 발전되었다. 건강정보와 개개인의 유전자 정보 등 아주 다양한 의료정보를 기존의 헬스케어와는 다르게 손쉽게 생성, 수집, 저장하여 모든 데이터를 빅데이터화하고 이를 기반으로 AI의 인공지능 기술을 더하여 생명연장의 꿈에 한발 더 가깝게 다가갔다고 볼 수 있다.

특히 디지털 헬스케어의 서비스는 단순히 제약사 혹은 헬스케어의 기존 플레이어뿐 아니라 ICT의 통신 전자 화사 및 데이터 회사까지 융복합적으로 하나의 집합체로 변환함으로써 단순히 의료라는 산업군의 플레이어만이 아닌 산업 간의 경계가 더 이상 존재하지 않는 시장으로 변모했다. 이제는 디지털 기술이 발전해 개인의 생체와 건강 정보를 취득해 통신을 통해 데이터로 송수신한 후, 의료 정보 서버에 담아 두고 이를 분석하는 복잡다단한 구성 체계를 갖게 되었으며 단순한 건강 관리가 아닌 온디맨드의 현실화된 모습을 갖추게 된 것이다. 또한 수집된 정보는 유무선의 네트워크를 통하여 클라우드에 업로드되고 블록체인의 기술을 통해 안전하게 수집, 저장되어 건강이라는 예민 데이터를 보다 철저하게 관리할 수 있게 되었다. 저장된 데이터는 빅데이터로 관리되며 인공지능을 통하여 환자의 정확한 진단과 건강상태를 분석하여 보다 완벽한 건강관리를 이루어 현재의 후발적인 건강관리가 아닌 선제적인 건강관리가 가능하게 되었기에 디지털 헬스케어의 변모는 분명 앞으로 우리가 꿈꾸는 미래 의료의 중심 역할을 해 나갈 것으로 예상할 수 있다.

디지털 헬스케어를 위한 기술에는 아래 다섯 가지의 주요 기술이 반드시 필요하다.

1) 사물인터넷(IoT)기술: 웨어러블 장비, 원격 진료 모니터링-사람과 장비 간의 연결성
2) 디지털 온라인 플랫폼 및 클라우드: 건강 데이터의 수집 및 활용-데이터 주권의 회복
3) 인공지능 기술: 진단, 관리, 의료업무 및 자동화-정밀맞춤의료 서비스 및 자동 건강진단
4) 블록체인: 의료데이터 관리 및 보호-의사와 환자 간의 정확한 의료 데이터 커뮤니케이션
5) 로보틱스: 수술로봇, 운송지원로봇 등-의료 생산성 향상 및 의료보조

인간의 가장 본능적인 욕구를 조금 더 체계화해서 이야기한다면 매슬로우(Maslow)의 인간 욕구 5단계 이론을 떠올릴 수 있다. 현대인의 생활을 생각한다면 치열한 경쟁에서 살아남기 위한 생존 욕구뿐 아니라 본인의 자아실현 욕구에 이르기까지 인간이 가진 욕구가 얼마나 다양하고 또 순차적인 단계를 가지는지 이해할 수 있게 된다.

그림 6   Maslow의 욕구 단계 이론

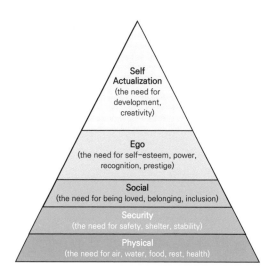

Maslow의 욕구 단계 이론에 따르면 사람의 가장 기초적인 생리적 욕구(Physiological needs) 다음으로 안전하고자 하는 욕구(Safety needs), 그리고 사랑과 소속의 욕구(Love & belonging), 나아가 존경 욕구(esteem), 마지막으로는 자아실현의 욕구(self-actualization)가 존재한다. 어쩌면 가장 기본적인 생리적 욕구 이전에 인간은 죽음을 피해 아프지 않게 살고 싶은 더 원초적인 욕구가 존재한다. 매슬로우의 인간 욕구 5단계 이론의 대전제는 건강한 삶 그리고 삶에 대한 보존성에 있다. 이는 분명 우리에게 건강이 얼마나 중요한지를 대변해주는 것이다. 건강을 주기적으로 체크하고 시기에 맞는 치료를 동반해야 인간이 가진 욕구의 모든 단계를 이룰 수 있다는 의미이기도 하다.

그림7 IOT기술을 기반으로 한 커넥티드 헬스케어 사례

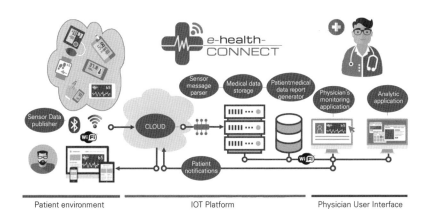

앞으로 디지털 헬스케어가 필요한 것인지, 병원과 가정이 연결된 커넥티드케어가 존재해야 하는 것인지에 대해서는 논란의 여지가 없을 것이다. 이미 모든 기술의 집합체로 움직이는 헬스케어 시장이 조성된 것으로 보아 현재의 시점에서 디지털 헬스케어의 찬반 여부는 더 이상 의미 없는 논쟁거리가 된 것이다. 지금까지 개인의 건강 관리는 몸에 이상을 느끼거나 아프고 나서 병원에서 치료를 받는 수동적인 패턴에 머물렀던 것이 사실이다. 하지만 기술의 변화는 이러한 패턴을 바꾸고 있다. 일상생활에서 건강관리의 중요성이 더욱 커지고, DNA 관점에서 선제적인 치료까지 고려되고 있는 현 시점에서 우리는 더욱 커넥티드 헬스케어의 중심을 분명히 이해하고 준비해야 한다.

COVID-19가 가지고 온 우리의 일상생활의 변화 중 가장 큰 부분은

의식의 변화이다. 이제 사회는 대면보다는 비대면이, 사람보다는 장비 혹은 디지털 기술이 더 안전한 대안이 되었다고 여기기 시작했다. 물론 의술에 있어서는 무조건적인 디지털 맹신보다는 보조적으로 디지털 기술을 활용하는 것이 더 적합할 수 있다. 또한 모든 것이 디지털화 될 수는 없고, 또 된다 하더라도 고객의 측면, 즉 헬스케어의 고객은 바로 개개인이기에 디지털 기술의 정확성, 체계성이 분명 존재하지만 이는 사람, 즉 인간을 위한 부분임을 간과해서는 안 된다. 먼 미래에는 많은 부분이 사람을 대체하는 디지털 시대가 될 것이지만 '의술은 인술'이라는 측면의 해석을 간과할 수 없다. 의술은 어떤 의학적 수단으로 고귀한 생명을 지켜주는 일로 감정의 영역이 포함된 사람의 기술이다. 디지털 헬스케어도 인술적 측면의 방향성을 고려하지 않으면 안 된다. 그 방향성은 디지털로 격변하는 현 시점에서 놓치지 말아야 할 중요한 과제이기도 하다.

On-demand connected healthcare

온디맨드 커넥티드 헬스케어

커넥티드 헬스케어와 디지털 헬스케어의 관계

디지털 헬스케어는 분명 ICT기술을 활용해 인간의 건강을 증진시키는데 분명한 목적을 두고 있다. 누구나 그렇지만 디지털 기술의 발전은 국경과 인종을 뛰어넘어 공통의 문화를 만들었고, 특히 통신기술의 발전은 더 많은 정보의 홍수 속에 초연결성의 세상에 개인을 던져 넣고 있다. 이제는 단순히 사람과 사람을 잇는 것이 아니라 사물과 사물, 그리고 사물과 사람 등 많은 부분의 커넥티드가 이루어 지고 있다. 의료 분야 역시 예외가 아니다. 단순한 기술이 아닌 정보의 연결을 통하여 진단 치료 중심의 의료가 이제는 예방과 관리의 영역으로 연결, 확대되고 있는 것이다.

디지털 기술에 대한 정확한 이해 없이는 단연코 디지털 헬스케어를 준비하거나 비즈니스로 참여하기 어렵다. 하지만, 현재 국내 대부분의 의료 관련 사업자(제약회사, 의료기기회사)는 본인들이 수행하는 영역이 헬스케어라고 생각하고 기존의 틀에서 벗어나지 못하고 있는 현실이다. 간혹 고객

들에게 잘못된 디지털 헬스케어를 소개하는 경우도 있다. 한 예로 이전의
체중계는 몸무게를 바늘로 표시하는 아날로그적 방식의 기계였지만, 지
금은 액정으로 디스플레이 된 숫자를 읽는 방식이다. 액정의 표현 방식,
즉 디지털의 기술을 기본으로 한 디바이스의 변화를 디지털 헬스케어라
고 부르기는 어렵다. 신체 데이터를 정확히 측정하고 이를 수집하여 예측
과 관리의 의료로 넘어간다면 이는 디지털 헬스케어 영역으로 이해할 수
있다.

| 그림 8 | 모바일을 통한 건강 체크 및 기록 사례 |

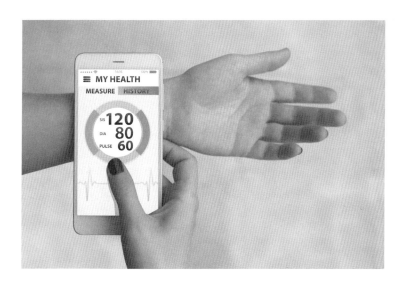

디지털 헬스케어의 본질은 디지털 기술을 응용하여 보다 체계적이고
정확한 예측과 진단, 그리고 사후관리가 이루어지고 이들이 서로 유기적

으로 연결되어 개인의 건강을 증진시킬 수 있는 것을 목적으로 한다. 동
시에 가정과 의료기관 그리고 다시 홈 케어로 연결되는 통합적 관리를 가
능케 하는 것이다. 위의 사례에서 알 수 있듯이 단순히 어떤 디지털의 장
비를 통하여 신체의 정보를 측정하는 것을 디지털 헬스케어라고 할 수 없
다. 본질적으로 개인의 건강 지표가 디지털 디바이스를 통해 정확히 측정
되고 해당 데이터가 활용 및 저장되어 개인의 생애주기 동안 체계적으로
관리될 수 있을 때 디지털 헬스케어라는 의미가 적용될 수 있을 것이다.

그림 9 스마트 홈 기술과 헬스케어의 연결 사례

결론적으로 디지털 헬스케어의 본질은 새로운 기술의 진화로 인간의
모든 바이탈 사인을 정확히 측정하고 관리하여 데이터로 저장하며, 커넥
티드 헬스케어의 기술로 인하여 해당 자료가 의료 전문가 집단(혹은 전문

가) 혹은 AI를 통하여 보다 체계적인 건강 관리가 이뤄지게 되는 것이다. 이제는 개인의 헬스 데이터가 단순히 데이터로만 존재하는 것이 아니라 해당 자료의 내용이 안전하게 공유되어 개인의 건강을 위한 전문적 케어가 매우 중요한 부분으로 인식된 것이다. 하지만 환자의 지식적 수준과 해당 디지털 환경에 대한 인식과 지식이 순응도를 만들어내는 것은 단순한 기술의 진화로만 이루어질 수 없다는 사실은 분명하다. 환자 혹은 소비자가 빠르게 습득할 수 있고, 쉽게 접근할 수 있는 시스템을 제공할 수 있는지 여부도 매우 중요한 문제가 된다.

COVID-19를 통하여 경험하였듯이 개인의 건강을 관리하고 또 치료할 수 있는 헬스케어 전문가는 시장 수요에 비해 턱없이 부족한 실정이다. 인구의 고령화는 계속되는 한편, 인구 대비 의료진의 수가 부족하기에 넘어야 할 산은 높다. 하지만 현실적인 어려움을 해결하기 위해서라도 디지털 헬스케어를 위한 체계적인 플랫폼 구축은 더욱 절실하다. 디지털 헬스케어 기반의 커넥티드케어의 솔루션은 우리가 필요로 하는 장비의 개발을 더 가속화하고 동시에 우리에게 맞는 솔루션으로 재탄생하여 체계적인 건강관리의 데이터 플랫폼화를 만들어내고 있다. 커넥티드케어는 선순환적인 구조의 의료시스템으로 구성되어야 하며 동시에 모바일, 웨어러블 장비를 통해 디지털화된 데이터를 수집하여 의료진, 환자 혹은 헬스케어 기업이 서로 안전하게 공유하며 좀 더 체계적이고 조직적인 건강관리 모델을 만드는 데 집중해야 한다.

그림10   헬스케어 디지털 플랫폼 사례

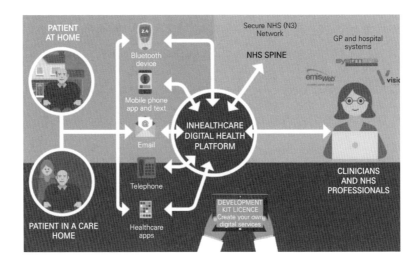

02

커넥티드 헬스케어의 가치 사슬

가치 사슬이란 생산, 판매, 원자재 관리, R&D, 인적자원, 정보 시스템, 그리고 어떤 제품 혹은 서비스를 만들어내는 모든 인프라이다. 이런 활동들 혹은 자원의 배분으로 인하여 만들어지게 된 서비스 혹은 제품은 고객이 기꺼이 지불하고자 하는 가치를 창출하게 되고, 이를 우리는 가치 사슬이라고 한다. 고객이 기꺼이 지불하고자 하는 가치를 창출한다는 의미는 여러 방식으로 해석해야 한다. 현재 대한민국의 헬스케어 시스템 속에서 지불은 국가보험제도로 되어 있기에 정부 그리고 개인(환자)이 주체가 되고 있다. 가치 사슬의 창조는 분명 고객이 기꺼이 지불하고자 하는 가치를 창출해야만 가능하지만 명백한 사회 복지 시스템 체계 아래서는 고객 대부분은 정부 기관이다. 물론 일부 금액에 대해서는 개인(환자)이 지불하기는 하지만 전체 금액의 상당 부분이 정부의 보험 급여로 지불되기 때문에 구조적으로 환자 혹은 개인이 가치 사슬 안에서 낼 수 있는 의견이 적다. 결국 정부와 제약회사 혹은 의료기기 회사 및 의료기관 중심으로 가치 사슬이 형성될 수밖에 없었던 배경이다. 하지만 정부의 보조금 즉, 건강보험제도는 세금으로 이뤄져 있기에 해당 금액의 출처가 정부 혹은 건강보험이라고 하더라도 해당 금액의 원천은 개개인이라 볼 수 있다.

그림 11   국민건강보험 관리운영 체계

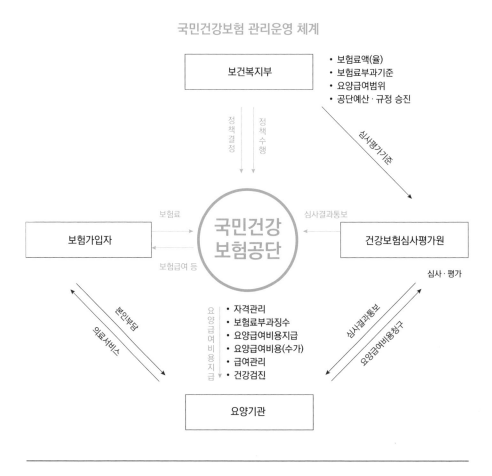

국민건강보험 관리운영 체계

Chapter 03 온디맨드 커넥티드 헬스케어

이러한 시각을 가지고 현재의 헬스케어 가치 사슬을 새롭게 해석할 수 있다. 즉, 지불에 관련된 부분은 분명 정부 혹은 건강보험이 많은 부분을 차지하고 있지만 해당 의료행위의 주최 혹은 원천 의뢰자는 분명 개인(환자)일 것이다. 이런 부분을 고려하였을 때 건강에 관련된 모든 데이터와 행위의 중심에 있는 것은 분명 개인이며 디지털 헬스케어, 특히 커넥티드 헬스케어는 모든 가치 사슬의 플레이어를 기존과는 다르게 해석할 수 있다는 의미이기도 하다. 환자 혹은 환자의 데이터를 중심으로 가정에서부터 병원 그리고 헬스케어 사업자 그리고 ICT의 사업자가 해당 부분의 플레이어로 존재할 수 있을 것이다.

예를 들어 ICT의 사업자가 전체적인 디지털 솔루션의 기반, 즉 통신에 관련된 부분을 구축하고 나면 모든 이해 당사자가 개개별의 모듈로서 참여하고 동시에 서로 연계성을 갖게 된다. 이는 ICT의 통신 기반 아래 가정에서 혹은 일상 생활에서 즉각적인 POC(Point of care)가 가능하도록 하는 AI 솔루션이다. 가정에서 측정된 헬스데이터가 병원에 연결되거나 혹은 의료 전문가의 주도 아래 있는 AI 시스템을 통해 데이터화된 자료들을 통해 개인의 즉각적인 건강 검진이 이루어지도록 할 수 있으며 동시에 해당 자료는 병원 혹은 정부의 클라우드를 통해 축적되고 이를 활용하여 의료기관에서 지체 혹은 다른 검사 없이 더 정확한 진단과 치료를 수행할 수 있는 순환 고리가 된다.

홈 헬스케어 시장은 COVID-19로 인하여 집에서 머무르는 시간이 증가함에 따라 건강관리에 대한 수요가 가정으로부터 확산되어 많은 성장을 해 왔다. 아울러 대면진료 혹은 대면에 관련된 심리적 부담과 감염이라는 부담으로 인하여 수요가 더욱 높아진 면도 있다. 홈 헬스케어 시장의 증가는 단순히 어떤 IOT 기술이 탑재된 장비가 아닌 주거환경의 설비까지 변화를 불러오게 되는 중요한 부분으로 인식된다. 선진 건설사들을 중심으로 가전회사, 통신회사 등 다양한 융복합적 사업자들이 디지털 홈 솔루션이라는 이름으로 공존하게 된 것이다. 그리고 뉴노멀이라고 불리는 새로운 생활 방식이 등장하면서 집안에서 영상 속 트레이너를 따라 홈 트레이닝을 하고 웨어러블 기기를 통하여 운동과 관련된 데이터를 수집하고 분석하여 스스로 건강을 관리하는 일상도 크게 늘어났다. 또한 고혈압, 당뇨, 비만, 혈당 등과 같은 만성질환을 디지털 헬스케어의 융복합적인 솔루션을 통하여 예방, 진단 혹은 예측하게 되어 현재의 사회적 비용지출을 줄이는 효과도 부가적으로 얻고 있다.

그림 12   디지털 기술을 이용한 만성질환 사례

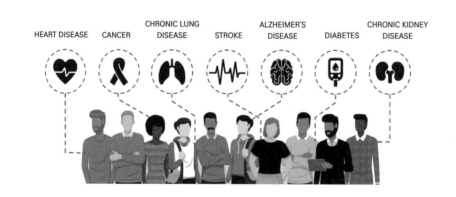

한국토지주택공사에서는 2021년부터 '스마트 홈 헬스케어 통합 플랫폼' 구축 사업을 시범적으로 운영하고 있다. 일부 제한적이기는 하지만 해당 플랫폼은 건강보험공단 건강검진 결과와 진료 투약 정보, 집안의 IOT 기기로 수집한 의료정보를 결합하여 하나의 애플리케이션으로 건강 상태와 질병 예측 정보를 제공하고 있다. 하지만 현재의 모델은 애플리케이션에 의존해야 한다는 단점, 그리고 제한적인 정보로 이뤄지는 작은 의료 서비스이기에 전체적인 커넥티드케어 솔루션으로의 사업이라고 명명하기에는 어려움이 있다. 진정한 커넥티드케어는 가정에서 취득된 정보가 1차적으로 관리 혹은 응용되어야 하며 동시에 해당 자료가 전문가 집단 혹은 의료기관 그리고 전문인 주도하에 있는 건강관리 AI를 통하여 관리되어야 진정한 의미를 갖는다고 할 것이다. 2차적으로는 해당 자료가 어떤 지체 없이 의료기관에 전달되고 필요에 따라 전문적인 분석과 관리가 동시에 이루어져야 정확한 커넥티드 솔루션이라고 할 수 있을 것이다.

　　현재의 IOT 기술을 기반으로 한 전자 기기들은 단순한 정보의 취득 혹은 저장의 기능만 존재할 뿐 전반적인 건강관리로 진화되지 않고 있으며 하나의 플랫폼을 통하여 통합 관리되지 못하는 시스템이다. 또한 IoT 기기를 활용하여 개인의 다양한 건강, 운동 정보를 수집 분석해야 하지만 통신 및 연동에 관련된 규격화가 마련되어 있지 않기에 더 고차원적인 솔루션이 등장하지 못하고 있다. 전체적인 서비스의 진화를 위하여 다양한 IoT 기기 연동 환경을 제공하고 디지털 홈 헬스케어 기반의 개방형 헬스케어 플랫폼을 구축해야 하는 것이 당면 과제이다. 단순히 헬스케어 기기만의 진화가 아닌 건설, 가전 통신 그리고 헬스케어 기기의 통합적인 플랫폼이 구축되고 추후에는 병원의 EMR 시스템에 연결되는 순환고리가 이루어져야 한다. 이로써 개인, 병원, 다시 홈케어로 연결되는 디지털 헬스케어의 진화가 성공적으로 정착될 수 있다.

커넥티드 헬스케어의 서비스 프로바이더

　지금까지 커넥티드 헬스케어에 관련된 설명을 통하여 디지털 헬스케어가 단순히 어떤 디지털 장비의 활용이 아닌 가정으로부터 의료기관 혹은 AI 그리고 다시 홈 헬스케어로 연결되어야 한다는 중요성을 설명하였다. 그렇다면 앞으로의 온디맨드의 헬스케어 서비스는 어떤 모습이며 어떤 플레이어가 필요한 시스템인지에 대한 적극적인 고찰이 필요하다. 특히 헬스케어 서비스의 프로바이더, 즉 의료에 있어서 물리적인 행동을 수반한다면 당연히 플레이어의 중심은 전문적인 의료인이 될 것이다. 이는 고객에게 심리적 안정을 줄 수 있는 홈케어 서비스에서도 매우 중요한 부분이다.

　전통적인 산업경제에서 모든 서비스 혹은 제품을 공급하는 사업자는 공급자의 입장에서 자신들의 의도와 계획대로 재화와 서비스를 생산해 수요자에게 판매하는 형식이었다. 하지만 온디맨드 특히 디지털 혁신을 경험한 이후 경제의 주체는 공급자가 아닌 수요자 중심으로 변하고 있다. 수요자의 의도와 스케줄이 매우 중요하게 된 것이다. 공급자가 아닌 수요자가 자신의 문제를 해결할 수 있도록 제품이나 서비스를 수요자가 원하는 시점에 원하는 장소에서 원하는 형태로 제공해야 한다. 기본적인 공급과 수요의 원칙이 철저하게 바뀌게 된 것이다. 같은 취지로 기존에는 공급자가 단순히 기업 혹은 특정 집단이었다면 온디맨드 경제에서는 공급자의 범위와 역할이 혁신적으로 증가하고 있다. 자원, 유휴 시간 그리고 능력을 가진 개인 누구나 서비스 플랫폼을 활용해 모두 공급자가 될 수 있기에 온디맨드 경제는 공급자와 수요자의 경계가 허물어졌다. 이는 디지털이라는 큰 파괴적인 혁신을 통하여 공급자와 수요자의 의미를 변화시켰으며 동시에 다양한 산업의 융복합을 불러일으켰다.

이런 디지털의 혁신은 분명 인공지능, 빅데이터, IoT, 클라우드 컴퓨팅, 3D 프린팅, 로봇 및 모바일 기술의 진화로 생각되며 전통적인 보건 헬스케어 영역 역시 서서히 개편되어 가고 있다. 온디맨드 경제는 전자, 건설, 보건 및 제약의 산업을 하나의 솔루션 형태로 변화하도록 촉진하고 융합하도록 만들고 있다. 그 주체는 분명 수요자로 구성되어 있으며 이는 즉시성, 편리성, 가격 적정성과 같은 장점을 기반으로 하고 있다. 이는 헬스케어를 포함한 의료 전반의 산업 구조를 변화시키고 있으며 제품과 제품 사이, 서비스와 서비스 사이, 기술과 기술 사이의 경계를 허물고 있다. 하지만, 그 속도는 타 산업에 비해 현저히 느린 수준이다.

기존의 헬스케어 사업은 지극히 제한적인 공급자가 사업을 주도하고 수요자의 의견 혹은 이익에 대해서는 특별히 고려되지 않은 고전적인 산업경제의 구조를 갖고 있었다. 이는 의료라는 산업에 대한 특이성이 존재하기에 변화의 속도가 다른 산업군에 비해서는 늦을 수밖에 없으며 생명 존중과 더불어 건강이라는 근본적인 부분을 다루기에 다른 산업과는 다를 수밖에 없는 특수성을 갖고 있다. 하지만 분명 현재 의료 서비스는 공급자에서 수요자 중심으로 변하고 있고, 미래에는 수요자 범위가 의료기관 혹은 정부가 아니라 환자 중심으로 변하게 될 것이다. 물론 산업의 특수성으로 인하여 의료에 있어서의 온디맨드 서비스는 다른 산업의 구조와는 다를 수 있지만 근본적으로 일반인 혹은 환자 중심 서비스로 개편되어야 한다는 것은 모든 이해 당사자가 충분히 인지하고 있는 부분이다.

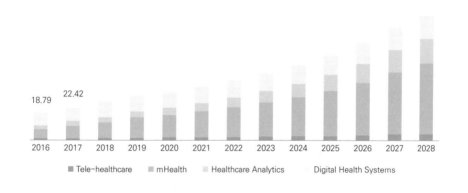

그림13 미국의 디지털 헬스케어 시장 예측

출처: www.grandviewresearch.com

여기에는 분명 많은 논의가 필요하겠지만, 변하지 않는 부분은 의료의 즉시성, 편리성 그리고 가격 적정성과 같은 온디맨드 이코노미의 특성을 정확히 파악하고 이를 중심으로 발전해야 한다는 것이다. 그렇다면 온디맨드의 헬스케어 서비스 프로바이더는 헬스케어 데이터와 플랫폼을 중심으로 모든 사업자가 연결되고 심지어는 의료 환경에서의 개인의 의지에 따라 본인의 건강데이터를 거래할 수 있는 모델로까지 변화가 가능할 것이다. 다양한 방식으로 헬스 데이터 거래가 가능한지 여부에는 많은 검토가 필요하지만, 개인의 건강 데이터를 비식별화해 거래한다면 보다 빠르고 선순환적인 임상 데이터로 활용할 가치는 충분하다. 이는 단순한 헬스케어 사업을 넘어 국가 경쟁력을 높이는 데 부합되는 사업 구조로 볼 수 있다. 물론 데이터 표준화를 통한 안정성 및 정확성, 예민 데이터 관리를 위한 기술적 보완 등이 선행되어 할 것이다. 이를 해결하기 위한 플랫폼 사업자 그리고 서비스 제공자에 대한 적절성의 평가가 매우 중요하며 동시에 정부의 체계적인 관리와 모니터링이 매우 중요한 역할이다.

온디맨드 커넥티드케어의 본질은 수요자가 원할 때 그에 맞는 서비스를 제공하고 수요자 니즈에 맞게 즉시성, 편리성 그리고 가격 적정성을 갖고 있어야 한다. 즉시성은 IT 기술의 발전으로 인하여 전후방적인 건강 데이터를 통하여 즉각적인 데이터의 공유 및 AI를 통한 맞춤형 의료가 더욱더 현실화되고 있다. 하지만 대면 진료와 같은 물리적인 진료 혹은 가정에서의 홈 케어가 대두되는 만큼 가정방문 의료 서비스에 대한 요구가 계속적으로 증가하고 있다. 홈 헬스케어 디바이스를 통하여 다양하게 건강데이터의 분석이 가능하다면 물리적인 수요자의 움직임, 즉 의료기관의 방문 및 치료 목적의 활동이 수반되는 것이 사실이다.

그림14   영역별 헬스케어 산업의 규모 전망

그렇게 되면 비즈니스 모델 중 가장 효과적인 O2O의 서비스를 통한 새로운 시장의 창출이 가능하다. 인구의 고령화 현상은 대한민국뿐 아니라 OECD의 대부분의 국가가 겪고 있는 당면 문제이다. 인구의 고령화를 경험하고 있는 일본의 경우 홈 케어 서비스, 즉 가정방문 치료 서비스가 빠른 속도로 성장하고 있다. 특히 산소 치료, 가정 인공호흡기와 같은 호흡기 질환을 중심으로 한 홈 케어 서비스가 다양하게 제공되고 있다. 수면장애의 문제를 갖고 있는 환자를 위해서도 수면장애 홈 케어 서비스가 의료 회사를 통하여 빠르게 성장하고 있다. 이는 단순히 장비 판매에만 집중했던 의료기기 회사들이 보다 근본적으로 환자의 치료에 도움을 줄 수 있는 홈 케어 서비스로 자리를 옮겨 가고 있다는 것을 말한다. 만성 질환의 경우 환자 수에 대비해 의료기관의 수가 한정적이고 비용의 부담과 한계가 있기에 가정 치료로 전환될 수 있는 대상이다. 특히 인구 고령화 문제에 직면한 현 시대에 그 중요성은 계속적으로 대두되고 있다.

그림 15   홈 케어 사례 _ 호흡기 가정 치료

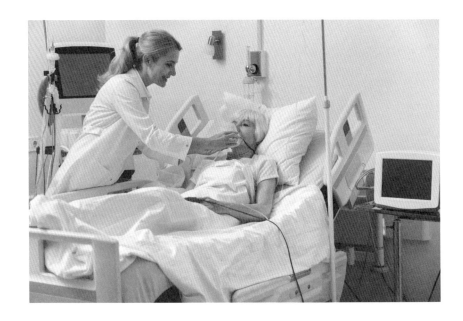

이와 같이 온디맨드 커넥티드 헬스케어는 단순히 의료의 디지털의 시대로 전환하는 것뿐만 아니라 홈 헬스케어 사업모델에 대한 진화를 요구하고 있다. 이제는 단순히 좋은 의료기기 혹은 의료 플랫폼만이 성공의 기준이 아니라 헬스케어의 본질을 보다 넓고 깊게 확장하는 데 사업의 가치를 찾아야 할 시점이다. 가정에서부터 시작되는 건강관리와 모니터링 그리고 의료기관으로의 연계, 마지막으로 홈 헬스케어의 연결을 위해 제대로 된 플랫폼을 만들어야 할 당위성이 있다.

04

원가 – 가격 – 가치의 딜레마

지금까지 온디맨드 커넥티드 헬스케어에 대해서 살펴봤듯이 모든 서비스는 서로 유기적인 네트워크로 연결되어 보다 체계적이고 안전하게 관리되어야 한다. 의료기관에서 어떠한 물리적인 건강관련 행위를 하지 않아도 먼저 가정에서부터 건강 체크와 모니터링을 직접적으로 할 수 있도록 만든 것은 분명 디지털 트랜스포메이션의 이점이 된다.

| 그림16 | 필립스社의 Health continuum 도형 |

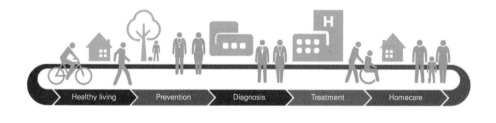

필립스社의 Health continuum 도형은 건강 관리를 가정으로부터 의료기관, 다시 가정으로의 복귀라는 하나의 연속적인 과정으로 이해한 모델로 소개되고 있다. 특히 가정에서의 건강한 삶이라는 모토를 시작으로 예상, 진단, 치료 그리고 다시 가정에서의 건강 케어에 이르기까지 전체적인 삶에 여정을 충분히 이야기하고 있으며 이는 분명 서로 유기적으로 연결된 모습을 보여주고 있다. 이 중 도식화된 부분의 연결성, 즉 시간의 순서에 따른 혹은 개인의 삶에 대한 여정 안의 연결성에 가장 중요한 부분은 디지털 트랜스포메이션이다.

그림 17 필립스社의 디지털 기술을 이용한 이미징 솔루션

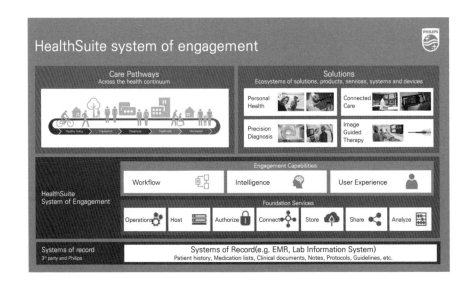

즉, 온라인에서 오프라인을 통제하고 이를 통하여 자원과 프로세스의 표준화 그리고 모듈화가 되어 온라인에서 오프라인을 완벽하게 통제할 수 있는 것이다. 커넥티드 헬스케어의 기술적 활용은 오프라인에서 건강 정보의 수집과 가공, 활용을 시작하여 온라인 플랫폼 안에서 정보의 처리 및 공유하는 디지털화를 거치게 되며 이로써 디지털 트랜스포메이션을 이루게 된다.

이런 헬스케어의 커넥티드 시스템 안에서의 온라인과 오프라인을 완벽하게 결합하여 서로 유기적으로 프로세스를 구조화하게 되는 것이다. 반드시 이를 위해서 선행되어야 하는 것은 위에도 언급한 것과 같이 오프라인에서의 자원 그리고 서비스에 대한 표준화, 모듈화 그리고 디지털화이다. 이런 디지털 트랜스포메이션은 오프라인에서 존재하고 있는 의료의 물리적인 부분을 자원과 프로세서로 나누어 완벽하게 디지털 프로세스화하고 동시에 온라인으로 오프라인을 통제하도록 만들어가는 것이다. 어떤 의미에서도 온디맨드 헬스케어 솔루션은 반드시 디지털 트랜스포메이션의 과정을 거쳐야 하며 의료의 질 혹은 의료의 프로세스를 디지털화하여 의료 프로세스의 사회적 합의 이전에 선행되어야 하는 부분으로 인식된다. 이는 많은 이해 당사자들이 작은 이익이 아닌 디지털 의료라는 하나의 생태계를 정확히 인식하고 단순한 제품 혹은 서비스의 판매가 아닌 솔루션으로 고객에게 제안할 수 있는 모델을 구축해야 한다는 합의를 해야 함을 의미한다.

05

커넥티드 헬스케어 사업의 구조 분석

 디지털 혁명과 사물 인터넷(IoT)에 대한 개념은 이미 헬스케어 시장에 빠르게 침투하고 있다. 이러한 변화에는 여러 가지 이유가 있겠지만, 가장 중심적인 인자는 인구의 고령화와 만성 질환의 증가라고 볼 수 있다.

 한 예로 전 세계 인구 중 415백만 명이 넘는 수가 당뇨병을 앓고 있으며 심혈관 질환의 위험에 처한 인구는 1.5억 명이 넘는다는 통계가 있다. 반면 이 숫자에 대응할 수 있는 의료기관과 의료진의 수는 매우 부족한 실정이다. 다행히 당뇨 수치나 혈압은 개인이 집에서 기기를 통해 자가 체크하여 데이터를 기록하고 앱과 클라우드를 통해 관리·공유되기 시작했다. 스마트폰과 같은 간단한 IoT 장비들이 건강한 삶을 위한 보조적 수단으로 활용되기 시작한 것이다. 사실 의료 서비스의 현재 변화는 다양한 분야에서 새로운 플레이어들이 진입하면서 이끌어가고 있다. 이들이 만든 혁신적인 비즈니스 모델은 의료 사물 인터넷(IoMT)으로 의료기기, 통신 및 정보 기술의

그림18 연령에 따른 당뇨병 팩트시트

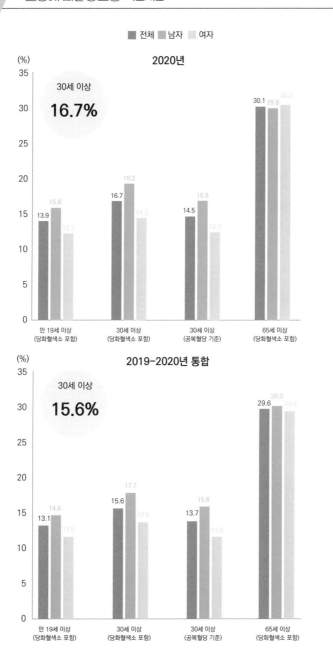

■ 전체 ■ 남자 ■ 여자

2020년

(%)

30세 이상
16.7%

만 19세 이상
(당화혈색소 포함): 전체 13.9, 남자 15.8, 여자 12.1
30세 이상
(당화혈색소 포함): 전체 16.7, 남자 19.2, 여자 14.3
30세 이상
(공복혈당 기준): 전체 14.5, 남자 16.8, 여자 12.3
65세 이상
(당화혈색소 포함): 전체 30.1, 남자 29.8, 여자 30.2

2019-2020년 통합

(%)

30세 이상
15.6%

만 19세 이상
(당화혈색소 포함): 전체 13.1, 남자 14.6, 여자 11.5
30세 이상
(당화혈색소 포함): 전체 15.6, 남자 17.7, 여자 13.5
30세 이상
(공복혈당 기준): 전체 13.7, 남자 15.8, 여자 11.6
65세 이상
(당화혈색소 포함): 전체 29.6, 남자 30.0, 여자 29.3

중심 역할을 하고 있다. 환자는 약물 복용량 및 경고를 관리하기 위해 다양한 사물 인터넷의 기반이 된 의료 장비를 사용하고 이를 데이터화하여 의료기관 및 의료진에게 전달되고 의사는 환자의 기록을 추적할 수 있으며 적시에 해당 자료를 확인함으로써 환자의 병원 방문을 줄여 비용을 줄일 수 있는 장점을 갖게 되는 것이다. 하지만 이런 부분은 분명 전체적인 커넥티드 디지털 헬스케어의 모듈화 과정을 거친 일부분이며 가정과 의료기관 그리고 다시 가정(Home to hospital and to Home care)의 종합적인 그리고 통합된 커넥티드 헬스케어가 필요한 것이 사실이다.

커넥티드 헬스케어가 가능하기 위해서는 분명 의료, 비의료행위 간 구분, 원격진료 그리고 보건의료 데이터의 활용성 및 융복합인력의 부족에 대한 근본적인 대안 및 서비스 개발이 매우 중요하고 중·장기적인 투자와 현장 중심의 밀착형 규제 혁신이 이뤄져야 한다.

그림 19   디지털 기반 커넥티드 헬스케어 복잡도

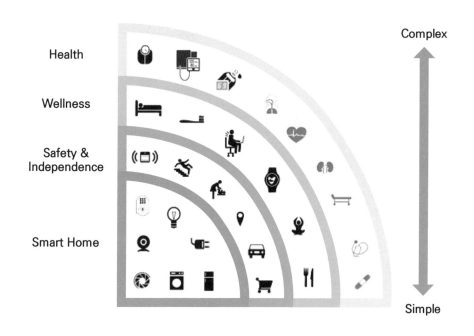

커넥티드 디지털 헬스케어가 성공적으로 안착하기 위해서는 정부와 많은 관계 부처의 혁신적인 제도 개선이 매우 시급하다. 분명 COVID-19로 인한 디지털 혁신의 방아쇠가 헬스케어에 많은 영향을 미쳤고, 사람들의 인식 변화를 크게 이끌었다. 특히 커넥티드 헬스케어 없이는 앞으로의 의료 서비스에 대해서는 본질적으로 제한점이 있다는 것도 여실히 경험할 수 있었다. 여기서 생각해야 봐야 할 부분은 커넥티드 헬스케어가 앞으로 긍정적인 모습으로 발전하기 위해서 현재 어떤 모습으로 존재하는지에 대한 확인이다. 하나하나의 모듈적인 헬스케어는 급

속도로 발전하고 있다. 이는 디지털이 가지고 온 파괴적인 혁신이다. 하지만 디지털화된 헬스케어 제품 혹은 플랫폼이 개개인의 소비자 혹은 환자들에게 정말 효과가 있는지 그리고 그들에게 중요하고 특별한 고객 경험을 제공하였는지에 대해서는 미지수 혹은 부정적인 반응이라고 볼 수 있다.

지금까지의 개발된 그리고 개발 중인 디지털 헬스케어 서비스와 제품들은 다른 산업의 온디맨드 서비스와 같은 즉각적인 편안함, 효용성, 실리성이 존재해야 하지만 아직 고객들에게 혁신적인 경험을 제공하지 못하고 있다. O2O의 서비스와 같은 즉각적인 고객 경험을 창출할 수 있는 편리함 그리고 체감할 수 있는 고객경험이 부족하다는 것이다. 이는 의료라는 산업 혹은 서비스가 다른 경험재와는 다르게 제품과 서비스를 경험해도 가치를 판단하기 어렵고 보다 전문적인 도움 없이는 혁신적인 경험을 제공할 수 없기 때문이다. 여기에는 분명 '제3자 지불방식'의 중심을 둔 현재의 의료 서비스를 생각하지 않을 수 없다. 현재의 의료서비스 혹은 헬스케어는 의료 집단과 환자 사이에 정부의 의료보험(국민의료보험제도)과 일반 보험회사가 존재한다. 이들이 의료비 지출의 중심적 역할을 하고 있기 때문에 보편적인 소비자와는 다른 면모가 있다. 서비스를 받는 실제 환자가 의료비를 정부 혹은 보험사에서 지불한다는 인식을 갖고 있기에 해당 디지털 헬스케어의 상업적 서비스 성장에는 부정적인 기제가 되고 있다.

소비자가 큰 비용을 지출하지 않아도 정부의 보조 혹은 보험사의 보조로 병원에서 직접 의료 서비스를 제공받을 수 있는데, 굳이 가정에서 서비스를 진행한다는 것만으로 긍정적인 성공을 가져올 수 없다. 이는 연계된 많은 사업에 리스크를 줄 수 있기에 타 산업군의 디지털 변환보다 훨씬 고차원적인 사업화가 요구된다. 고객으로 하여금 '고객이 기꺼이 비용을 지불할 수 있는(Willing to pay our service or product)' 서비스를 만들어낼 수 있어야 한다. 그것은 이제껏 어디에서도 경험할 수 없었던 가치를 제공해야 하는 문제이며 이는 커넥티드 헬스케어 사업화의 제1 과제가 될 것이다.

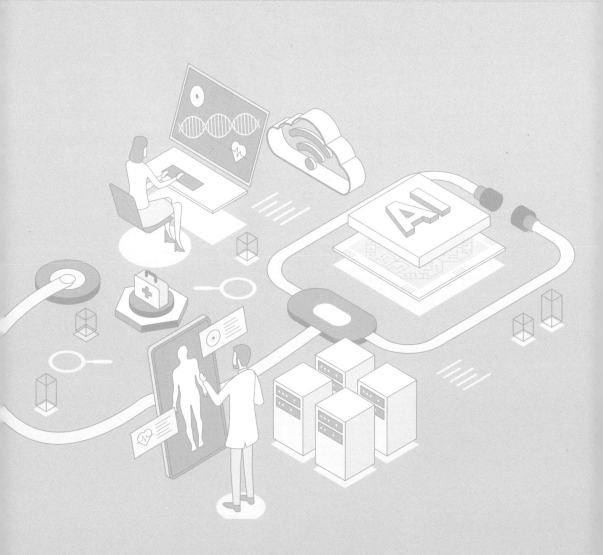

Specific strategy for connected healthcare business

커넥티드 헬스케어 사업의
구체화 전략

01

B2B2C중심의 플랫폼 전환

고전적인 헬스케어의 의미는 병원 혹은 의료기관에 집중되어 검사와 치료 중심으로 시행되어 왔다. 의료 서비스는 그 주체가 고객(혹은 환자)이 아닌 병원과 정부 혹은 의료서비스 회사로 이루어져 있으며 이는 B2B의 사업구조의 특수성을 만들어 냈다. B2B의 서비스 구조는 디지털 기술의 가속화가 이루어지면서 B2C의 디지털 헬스케어 사업들로 개편되고 있다. 하지만 현재 디지털 헬스케어가 진정한 의료체계로 받아들여지고 그 가치를 입증하고 있는지에 대해서는 많은 고찰이 필요하다. 특히 '웰니스' 형태의 디지털 헬스케어가 우리가 생각하는 의료체계로 인식되기에는 많은 어려움이 있는 것이 사실이다. 매년 늘어나고 있는 웰니스 관련 제품들은 전문 의료인이 사용하거나 권고하는 광고적 형태로 출시되고 있다. 이러한 단편적인 제품 출시는 디지털 헬스케어의 근본적인 질문에 답이 될 수 있는 서비스는 아니다. 물론 웰니스 제품의 탄생으로 인하여 고전적인 헬스케어의 의미 혹은 의료의 사업이 점차 B2B의 형태에서 B2C로 모습을 바꿔가고 있다는 점에서는 긍정적인 신호가 될 수 있지만, 의료의 본질인 고객(혹은 환자)에게 체험형 경험 제공, 그리고 의료라는 이름에 걸맞은 솔루션을 제공하기에는 아직 갈 길이 멀다. 스마트 워치의 보급으로 장시간에 걸친 불특정한 부정맥 증상 혹은 증후를 확인할 수 있는 것은 분명 바람직한 변화이지만, 근본적인 의료서비스 생태계 안에서 이렇게 강한 색깔의 B2C 제품이 체계 안에 제대로 정착할 수 있는지는 아직까지 의문이다.

그림 20   고객중심과 제품중심 전략 비교

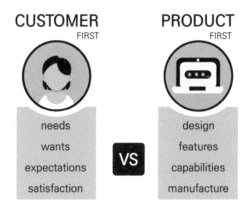

지금 우리가 체감하고 있는 의료는 디지털 기술을 이용한 다양한 제품과 서비스 그리고 플랫폼을 통한 전환점 속에서 일종의 과도기를 거치고 있다. 고전적인 B2B의 의료에서 B2C중심의 플랫폼, 그리고 스마트 의료

기기들이 선보이는 통신기술과 디지털 융복합 기술의 혁신으로 인하여 통합적인 의료 시스템과 플랫폼이 유기적으로 연결된 커넥티드 헬스케어로 넘어서는 초기 단계라 할 수 있다. 여기에 환자의 주권 및 마이 헬스 데이터 결정권이 결합된 B2B2C의 시작을 함께 모색해야 한다. 하지만 아직은 고전적인 B2B의 의료와 소비재 성격의 B2C의 이분화된 구조로 발전하고 있다는 지적이 있기에 앞으로 더 B2B2C의 통합된 의료에 대한 시장 개편이 필요해 보인다.

의료는 그 어떤 분야보다 전문성 그리고 정확성이 매우 중요하기에 가정과 의료기관 혹은 전문가로 서비스가 연결, 확장되기 위해서는 표준화 작업이 반드시 선행되어야 한다. 헬스케어 온디맨드 서비스를 위해서는 이들을 연결하고 제대로 조율하는 제어 시스템이 있어야 한다. 의료 서비스의 표준화를 위해서는 다양한 의견을 취합하고 온라인에서 오프라인이 정확히 컨트롤이 되는 것이 중요하다. 단순한 의료기관의 자동화 서비스에 국한되어 일정 영역에만 머무르는 의료의 시스템화가 아니라 보다 개방적으로 확장된 가정과 의료기관의 커넥티드 헬스케어가 중심이 되어야 한다. 커넥티드 헬스케어는 의료에 대한 보장성 강화를 필두로 건강한 삶의 질 향상이라는 국제적이고도 시대적인 흐름에 정확히 부합되는 새로운 의료서비스 분야이다. 특히 기존의 질병 치료에 머무르지 않고 예방과 관리를 통하여 건강한 삶을 영위하는 것으로 개념을 전환해야 할 것이다. 실제로 의료서비스 시장의 치료 분야는 감소되고 진단, 사후관리, 예방 부분의 시장이 증가하고 있으며, 앞으로 이 방향성은 지속될 것으로 예측된다.

그림 21   AI와 로보틱 분야의 헬스케어 변화

급격한 인구 고령화와 식생활의 변화 및 운동부족에 따른 만성질환의 증가는 사회적으로 큰 문제로 떠오르며 경제적 부담을 가중시키고 있다. 특히 노인 의료비가 폭발적으로 증가하여 건강보험 재정에 우려의 목소리도 커지고 있다. 이미 1990년도 후반부터 다양한 국가 주도의 원격의료 시범사업이 다수 추진되었지만 정보통신 기술 수준, 사회경제적 환경, 법, 제도 등의 어려움으로 쉽게 정착되기는 어려웠다. 하지만, 기술 가속화와 사회적 요구를 발판으로 더는 지체할 수 없는 의료 서비스가 되었다. 오늘날 정부, 의료기관, 제약 및 의료기기, 대학, 홈케어 서비스, 전자, 통신 등 다양한 집단의 유기적인 연결을 통해 구체적인 커넥티드 헬스케어로 발돋움할 수 있는 기틀을 마련해야 한다. 시장 자체 논리로도 고도

화가 진행되겠지만, 이에 앞서 정부의 제도 개선 및 주도성이 매우 중요
하며 다른 나라의 커넥티드 헬스케어에 대한 학습 및 조사 역시 반드시
선행될 필요가 있다.

맞춤 의료를 위한 온디맨드 서비스 구축

커넥티드 헬스케어라는 용어는 COVID-19가 발생하기 이전부터 근본적인 건강관리에 대한 요구가 높아짐에 따라 가정과 병원의 연결성을 만들어 내기 위해 사용되었다. 하지만 정확한 커넥티드 헬스케어에 대한 정의는 아직까지 제안되지 않았다. 융복합적인 디지털 기술의 발전으로 인하여 아직까지 정의되지 않은 커넥티드 헬스케어에 대한 범위가 점차 구체화되어가고 또한 고도화되어가고 있다. 왜 커넥티드케어가 디지털 헬스케어의 핵심이 되는지를 탐구하기 전에 커넥티드 헬스케어에 대한 용어적 정의를 제안하고자 한다. 커넥티드 헬스케어는 디지털기술의 복합체로서 디지털기술, 클라우드 컴퓨팅 및 통신, 전자 기술에 중심을 둔 헬스 데이터를 이용한 원격의료와 같은 행위를 포함하며 개인의 필요에 따라 건강관리 시스템이 설계되고 건강데이터가 의료전문가에게 공유되어 온디맨드 서비스가 가능하게 된 헬스케어 서비스 모델 개념으로 정의하고자 한다.

그림 22　　헬스케어 클라우드 시스템 연결도

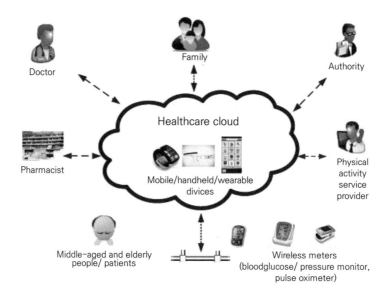

기존 의료기관 혹은 의료전문가가 주도했던 건강 관리를 개인이 직접 설계하고 적극적으로 관리할 수 있게 한 개념으로 모든 커넥티드 헬스케어의 이해 관계자는 디지털, 통신, 전자 기술을 통하여 환자의 동의 아래 환자의 상태와 건강을 진단하고 적절한 건강관리 및 치료에 대한 정보를 개인이 원하는 장소에서 원하는 형태로 그리고 희망하는 장소에서 데이터와 서비스 솔루션으로 제공하고 소통하도록 하는 것이다.

그림 23 　클라우드 컴퓨팅 헬스케어 산업 사례

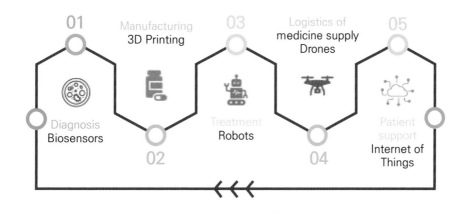

이러한 연결 방식은 한쪽에서만 반응하는 일회성 의료모델이 아닌 가정에서 모든 의료 이해 관계자를 계속적으로 그리고 반복적으로 연결하고 모든 의료 서비스에 대한 중심을 환자 혹은 개인에 둔 능동적 시스템이다. 이러한 환자중심의 치료가 가능하게 되면 임상적 연구에 있어서도 환자와 모든 의료 관계자의 동의를 취득한 후 보다 빠르고 폭넓게 연구를 진행할 수 있는 이점이 생기게 된다.

의료기관이 주체가 되어 질병 치료에 중심을 둔 현재의 의료 생태계는 부족한 환경과 시설 그리고 의료진으로 인하여 제한적인 의료 환경을 만들어내고 있다. 이를 타개하기 위해서는 보다 적극적 의료시스템을 고려해야 하며 예방과 예측에 관련된 의료 환경이 반드시 수반되어야 한다. 인구 고령화로 사회적 비용 지출이 늘어나는 현대 사회에서 질병을 조기에 예측, 예방할 수 있는 것은 가장 이상적인 의료환경이라 할 수 있다.

커넥티드케어를 통해 가정에서 개인의 모든 생체 신호에 관련된 표준화 데이터를 수집하고 표준화 프로세스를 거쳐 인공지능 건강 진단 혹은 예측 시스템으로 개인 건강에 대한 지표를 산출해 예방적 의료가 수반되어야 하는 당위성이 여기 있다. 이는 단기간에 이벤트성으로 수집되는 데이터가 아닌 지속적인 모니터링 과정을 거쳐 모집단의 생체 데이터 및 건강 관련 데이터를 수집하고 인공지능을 통한 분석에 의료기관 및 의료진의 보조적 코멘트를 더해 결과 또는 지표를 산출하는 것이다. 이런 프로세스 과정을 통하여 데이터가 건강의 이상 징후를 발견하게 되면 이 내용이 환자에게 일차적으로 전달되고 환자가 동의하는 경우 의료기관 혹은 의료진에게도 바로 공유될 수 있도록 서비스 기반이 마련되어야 한다. 이로써 보다 객관적인 능동적 치료가 가능하도록 시스템을 구축하는 데 그 목적을 둘 수 있다.

커넥티드 헬스케어의 가장 중요한 부분은 환자의 식습관 등 라이프스타일에 관한 객관적 데이터를 전달하고 정확한 의료 서비스가 이루어질 수 있는 종합적 환경을 다양한 스펙트럼의 데이터로 제공하여 맞춤 의료가 가능하도록 디자인하는 것이다. 다양한 디지털 헬스케어 장비 혹은 기기를 통한 의료 데이터 측정이 가능하도록 시장이 성장하고 또 가속화되고 있는 오늘날, 일상에서의 모든 건강 데이터들이 연속적으로 측정되고 해석된다면 보다 개선된 의료 환경이 만들어질 것이다.

그림 24   웨어러블 헬스 모니터링 디바이스 사례

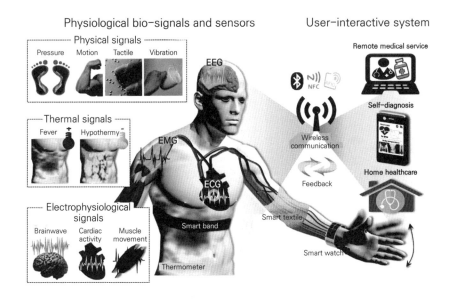

03

데이터 융복합과 AI의 역할

커넥티드 사업을 디자인하기 위해서는 먼저 커넥티드 헬스케어의 구조를 정확히 이해할 필요가 있다. 이는 단순한 연결성에 중점을 두기 앞서 개인의 동의하에 데이터의 수집, 축적, 활용 등, 일련의 과정이 헬스케어의 중심 축이 될 수밖에 없다. 헬스케어 데이터의 축적은 기하급수적으로 증가하고 있다. 이는 건강에 대한 관심이 높아가는 웰빙 추구의 사회에 디지털 기술 진화가 맞물려 이루어진 수치이다.

특히 커넥티드 헬스케어가 탄생할 수 있는 것은 디지털 센싱 기술의 발전과 고도화로 인하여 전자기기 혹은 반도체 및 센서의 기술이 휴먼 바이탈 센싱 기기로 이어지면서 홈 헬스케어의 최전선에서 발전하고 있다. 하지만 해당 기술에 대한 표준화 과정이 매우 절실히 필요하며 기기의 표준화, 측정의 표준화, 센싱의 표준화, 수집 데이터의 표준화가 앞으로 전자, 반도체 등 다양한 기술을 보유한 서비스 제공자들에게 남겨진 숙제라고 할 수 있다. 또한 휴먼 바이탈 사인(human Vital sign)을 측정하는 기기 혹은 장비들의 사물 인터넷(IoT)의 탑재로 인하여 네트워크화되어 보다 안전히 연결되어 클라우드와의 소통을 이뤄내야 한다. 이는 센서와 네트워크 기술, 빅데이터, 클라우드 컴퓨터, 인공지능(Ai) 및 3D프린팅 기술에 걸쳐 다양하게 융복합되어야 한다. 아울러 사물 인터넷(IoT)을 통하여 수집된 데이터의 처리과정을 고려해야 하며 이는 정제되지 않은 데이터를 활용 가능한 데이터의 범위로 정의, 리폼(Reform)의 과정을 거치는 데 중요하다. 측정 기기의 표준화 과정이 필요한 것과 같이 데이터의 변환에 관련된 표준화 과정이 필수적이며 정제된 데이터의 결과값에 대한 인공지능(AI)의 판단 능력을 개발하여야 한다. 현재 다양한 의료분야에 있어서 인공지능(Ai)과 관련된 컴퓨터로 구현한 지능이 발전하고 있다.

특히 의료시장의 블루오션으로 떠오르고 있는 의료 판독 인공지능에 대해서는 많은 의료계의 관심이 높아지고 있다. 제한적인 의료진의 수, 사람이 할 수 있는 오류 등의 문제 상황을 해결할 수 있는 방법으로 인공지능이 각광받고 있다. 하지만 일상생활에서의 측정된 방대한 생체 데이터를 수집하여 정제하고 활용의 범위에 이르기까지는 쉽지 않을 것이다. 한 예로 부정맥을 진단하기 위하여 병원에서 사용하는 심전도(electrocardiogram)를 연속적으로 측정하여 우리가 친숙하게 알고 있는 A4 용지로 옮긴다면 24시간 기준으로 수천장이 나올 것이기 때문이다. 심장 활동에 대한 전기적 신호를 장기간 측정해 그 결과를 수천 수만장의 파형으로 만들어 의료진이 확인하기는 매우 어려우며 많은 시간이 소요되는 것이 사실이다.

이러한 어려움을 극복하기 위하여 많은 심장활동의 전기적 신호의 파형을 학습하고 해당 결과에 대한 결과치를 인공지능(AI)이 담당하여 보다 현실적인 대안으로서 의료진을 보조하고 또한 미처 확인하지 못한 오류 값에 대한 정확한 결과값을 만들어 낼 수 있도록 활용되고 있다. 이처럼 의료 인공지능에 대한 활용은 우리가 과거 혹은 현재에도 인력적인 어려움 그리고 시간과 공간적인 제약을 해소할 수 있는 유일한 해결책으로 발전하고 있으며 이는 커넥티드 헬스케어의 방대한 생체 데이터를 측정하고 일상생활의 건강 모니터링을 하기 위해 반드시 필요한 부분이다.

그림 25   홀터 심전도 측정 및 ECG 데이터

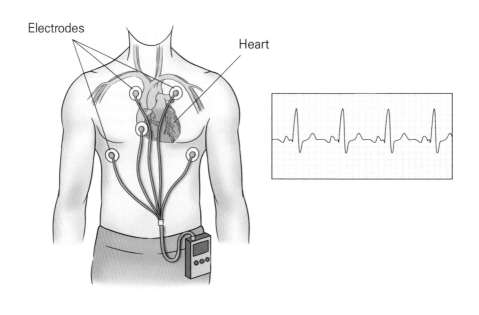

또한 일상생활의 건강 데이터를 의료기관 혹은 의료진에게 전달하기에 앞서 인공지능(AI)의 역할이 매우 중요하며 조기 진단과 동시에 환자에게 직접적으로 알람을 줄 수 있는 진보된 지능화 인공지능이 필요한 것이 현실이다.

모바일 기반 ECG 모니터링 기술

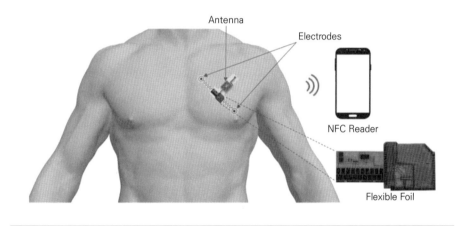

많은 의료 제공자가 이를 위해서 많은 시간과 노력을 아끼지 않고 고군 분투하고 있으며 의료계에서도 보다 정확하고 체계적인 의료 인공지능의 개발을 앞다투어 준비하고 있다. 하지만 아직까지는 초기 개발 단계에 머무르고 있으며 임상적 의사 결정을 할 수 있을 만큼의 데이터에 대한 이해와 활용 그리고 예측에 대한 개발이 아직은 부족한 상황이다. 일일 활동, 폐의 기능적 활동성, 증상의 주관적인 확인, 산소 포화도 등 가정 환경에서 지속적인 모니터링이 가능하다. 이러한 지속적 관리는 새로운 측정 및 모니터링의 패러다임을 열어주지만 예측 및 예방에 대한 완벽한 알고리즘을 갖고 있는 인공지능 개발까지는 미치지 못했다.

커넥티드 헬스케어 사업은 최근 많은 시장보고서에 따르면 의료환경에서 기술적 부분의 급속한 성장을 이루었기에 대두되고 있다. 하지만 다차원적인 특성, 즉 장치(기기), 임상 서비스, 통신, 전자 및 클라우드 서비스 그리고 인공지능에 대한 다양한 이해 관계자가 커넥티드 헬스케어의 시스템적 가치를 실현하는 방법을 함께 이해하고 진정한 협업을 통해 하나의 생태계를 조성해야 하며 기술지원을 활용하는 방법을 근본적으로 다시 고찰해야 한다. 커넥티드 헬스케어의 사업은 앞으로 건강과 사회 복지를 변화시킬 수 있는 중요하고 절대적인 요소이기 때문이다.

커넥티드 헬스케어 사업 디자인

커넥티드 헬스케어 사업은 구조적으로 많은 복잡성을 가지고 있다. 우리나라의 경우 국민건강보험으로 정부의 공공 급여 체계를 갖고 있기 때문에 커넥티드 헬스케어도 이 시장 기반에서 자유로울 수 없다. 하지만 현재의 국민건강보험의 구조적인 측면이 앞으로 디지털화되는 의료 체계를 품을 수 있는 실증적 구조인지 검토할 시기가 왔다. 건강보험시스템에 대한 상환 체계가 빠르게 변화하고 있는 디지털 의료 장비 혹은 기기에 대한 수용이 가능한지 여부에 있어서 제도적인 검토가 필요하다. 특히 신의료기술에 가까운 디지털 의료 장비 혹은 기기를 활용한 의료 행위에 대한 수가 체계는 앞으로의 커넥티드 헬스케어 발전을 위해 적극적으로 고민해야 될 과제이다.

또한 하드웨어적인 관점으로 접근했을 때, 의료장비 혹은 기기의 렌트나 구입이 정부의 보조로 이루어지기도 하지만, 개인이 부담하는 경우도 많다. 대부분의 의료장비 혹은 기기들은 즉각적인 효과보다 수개월 혹은 수년 후 효과가 나타나는 경우가 대부분이기 때문에 다른 소비재와 다른 측면이 있다. 이러한 특성으로 고객 또는 환자의 순응도 측면에서 많은 물음표가 생기는 것이 사실이다. 한 예로 수면무호흡증 치료에 있어서 골든 스탠다드로 대두되고 있는 양압기 치료의 경우 서비스 제공자로부터 기기를 임대 받아 사용하고 정부가 지원하는 구조로 되어 있다. 하지만, 실질적인 양압기 사용에 대한 순응도, 즉 사용의 빈도 및 사용 시간에 대한 부분이 부정확하기에 정부 입장에서도 과연 실효성이 있는지, 그리고 환자의 경우에도 이 기기를 통해 실질적인 치료가 되고 있는지에 대한 객관적인 자료가 부족하다. 이 문제를 해결하기 위해서는 반드시 디지털 기술이 필요하다. 기기가 자체적으로 순응도를 체크할 수 있는 기능을 갖추고 환자의 기기 사용시간 및 순응효과에 대한 데이터가 클라우드로 전달되어 환자의 순응도 및 치료의 효과성에 대한 집계가 명확히 되어야 한다. 또한 순응도를 높이기 위한 코칭 시스템이 매우 중요한데 이는 장비 혹은 기기를 사용함에 있어서 사용법뿐 아니라 치료에 대한 본질적인 코칭이 필요하고 때로는 순응도를 만들어 내기 위한 디지털 요소적 응원이 필요하다. 의료 전문 콜센터를 통하여 환자의 순응도를 모니터링하고 순응도가 떨어지는 경우 환자의 어려움이 어떤 부분인지 체크하고 대안을 제시하거나 더 잘 사용할 수 있도록 격려와 응원을 하는 카운슬링을 말하는 것이다.

그림 27 | 양압기의 사용 원리

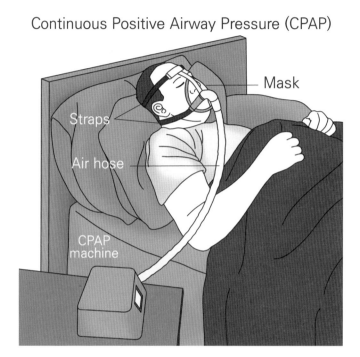

Continuous Positive Airway Pressure (CPAP)

이런 서비스를 제공한다는 아이디어는 매우 긍정적이고 이상적인 방법으로 여겨질 수 있지만 의료에 대한 본질을 생각해본다면 어떤 부분이 의료기관 혹은 의료진이 해야 하는 역할인지에 대한 명확한 경계를 구분 짓기가 매우 어렵다. 예를 들어서 전문 상담원이 환자의 순응도를 보고 사용의 불편함이 있는 것으로 확인되어 전화 상담을 진행하는 경우, 고객 혹은 환자의 입장에서는 질병에 대한 전문적인 지식을 요구하는 질의가 있을 수 있으며 더 나아가 기기의 사용이 전문가 집단, 특히 의료인으로

부터 전달되어야 하는 내용의 답변이 있을 수 있다는 것이다. 이제는 의료 영역이 단순히 병원에만 존재하는 것이 아니라 가정으로 연결되어 많은 서비스에 대한 부분도 그 확장성을 갖게 될 것임은 분명하다. 이는 단순히 제품 혹은 서비스를 잘 만들어서 판매 혹은 임대하는 방식에만 머물러서는 성공하기 어렵다는 의미이기도 하다. 의료의 특성상 공공재의 성격을 반드시 고려하여야 하고 동시에 개인화에 대한 특별한 서비스를 구상하여 사업화를 진행해야 한다.

그림 28 원격 의료 워크 플로우

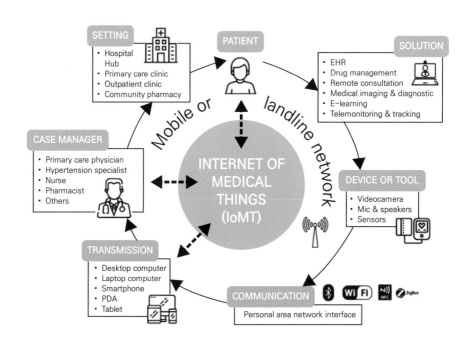

고객의 문제를 먼저 탐구하고 질병에 대한 분류를 사업화의 시작단계로 고려하여 사업의 범위와 타깃 시장에 대한 본질적인 고찰이 선행되어야 한다. 질병에 대한 유병률 혹은 실질적인 의료기관에서 이뤄지는 치료에 대한 객관적인 데이터가 존재하기에 정확한 시장성을 판단할 수 있다는 점은 긍정적이다. 의료는 다른 여타 산업군과 달리 신뢰성 있는 데이터가 존재하기에 보다 실질적인 사업 시장성을 확인할 수 있는 분야이다.

　첫 번째로 환자의 불편함을 정확히 찾고 타당한 시장성으로 확인된 질병군의 타깃 마켓이 설정되었다면 두 번째로 고려해야 할 것은 의료장비 혹은 서비스의 구체화이다. 이는 수익성과 직접적인 연결성을 갖고 있는 부분이며 동시에 의료장비 혹은 기기 그리고 서비스의 개발부터 어떤 보험제도에 그 중심을 두고 있는지를 명확히 하는 것이다. 예를 들어 보험제도 안에서 너무나 낮은 보험 수가 혹은 아직은 보험 분류로 구분되어 있지 않은 제품은 수익모델로 만들기 어려운 상황이다. 물론 디지털 헬스케어의 경우 많은 부분이 현재의 의료보험 수가 체계에 포함되어 있지 않다. 하지만 의료보험 수가 체계의 중분류 혹은 질병에 대한 분류를 확인한다면 기존 해당 질병군 혹은 보험수가제도의 가치를 충분히 확인할 수 있기에 시장성 혹은 수익모델에 대한 유추가 가능하다. 또한 기존 제도에 포함되어 있지 않은 새로운 혁신성이 있는 제품 혹은 서비스일 경우 적극적인 정부의 소통 창구를 활용해야 한다. 규제 샌드 박스와 같이 새로운 제품이나 서비스가 출시될 때 일정 기간 동안 기존 규제를 면제, 유예하는 제도를 활용한다면 조금 더 적극적인 사업의 대안책으로 활용할 수 있을 것이다.

그림 29   강원 정밀의료산업 실증 추진 과정

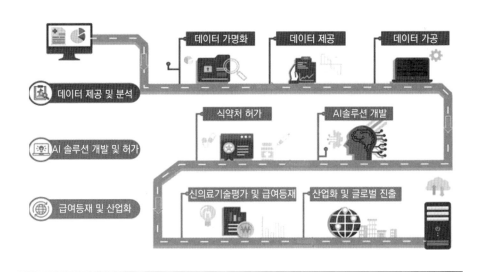

국내에서는 강원도 정밀의료산업 특구가 규제자유특구로 지정된 바 있다. 이곳에서는 2022년말부터 의료데이터 활용을 통한 정밀의료산업 활성화 실증 연구가 이루어지고 있는데, 만성간질환환자, 뇌손상 환자, 안면골 골절 등에 대한 인공지능(AI) 솔루션 개발을 목표로 하고 있다. 의료기관이 보유한 의료데이터에 대한 개인정보에 대한 식별위험을 최소화하여 기업에게 제공될 수 있도록 의료데이터 가명화 기준과 관련해 규제 샌드박스 제도를 통해 생명윤리위원회(IRB) 심의를 거쳤다. 이처럼 다양한 분야에 있어서 디지털 헬스케어 제품이 규제 샌드박스를 활용하여 좀 더 적극적인 디지털 헬스케어를 가속화하고 있으며 인공지능(AI)과 같은 기존의 틀을 뛰어넘는 제품과 서비스를 현실화할 수 있도록 제도의 능동적 개선이 뒷받침되고 있다.

정부의 소통창구를 통한 디지털 헬스케어와 커넥티드 헬스케어의 혁신적 제품, 서비스의 발전에 매우 중요한 부분으로서 앞으로의 많은 부분의 규제완화 및 새로운 제도의 탄생이 매우 기대가 된다. 다만, 의료의 본질은 생명존중이기에 많은 부분에 있어서 보수적인 성향을 가질 수밖에 없다. 결국 디지털 헬스케어의 국가적 성장과 동시에 의료통합과 디지털 변환을 위해 전략적으로 제도를 보완해 나가는 열린 마음이 필요할 것이다.

Success factors of connected healthcare business

커넥티드 헬스케어 사업의
성공 요소

01

고객경험 중심의 가치 구현

대부분의 산업은 제품과 서비스를 개발하는 데 있어 고객 만족, 고객 가치, 고객 경험 등 최상위 기준을 '고객'에 둔다. 반면, 의료 분야에서는 고객 중심의 가치를 익숙하게 경험하지 못했다. 치료 중심의 고전적 의료 형태는 의료 기관과 의료진에 집중되고 국민의료 공공화로 인한 국민건강보험 제도의 형상을 갖고 있었기 때문에 전형적인 B2B 모습으로 존재해 왔다. B2B 구조의 의료 분야는 나름 많은 부분에 있어 성과를 거두었지만, 고객 만족이라는 서비스 성격 면에서는 불충분한 결과를 낳았다. 생산자와 소비자의 정의가 의료제품 혹은 서비스의 공급자 그리고 의료기관 혹은 의료진으로 정형화되어 본질적 최종 소비자인 환자가 고객으로 정확히 인식되기는 어려움이 있었다.

모든 산업에 걸쳐 고객은 비즈니스 가치의 최상위 기준이며 고객의 경험이 사업의 결과를 만들어내는 기준이 된다. 고객 경험을 만들어 내기 위하여 각 기업과 조직들은 여러 접점을 통해 고객과 기업이 관계를 이어가도록 만들어내고 사용자(고객)가 다양한 통로로 기업 브랜드를 체험하게 하는 데 사활을 건다. 물건 혹은 서비스 구매나 사용과정에서 고객이 느끼는 물리적, 감정적 경험의 가치를 높여 고객의 충성도를 높이기 위한 행위가 전반적인 기업 혹은 조직의 마케팅 활동이다.

반면 헬스케어 산업은 공급자가 환자가 아닌 의료기관 혹은 의료진으로 집중되어 있기에 조금 다른 결과를 낳았다. 전문가 집단의 지식과 노하우가 매우 중요하고, 인간 생명의 존엄성과 동시에 윤리적 지침이 필요한 의료 행위이기에 당연한 결과이다. 하지만, 디지털 변혁 시대가 도래하면서 의료 역시 B2B에서 B2C로 사업 구조가 변화되고 있다. 고객의 정의가 의료기관 혹은 의료진이 아닌 일반인, 즉 환자로 정의 내려지고 이에 대한 고객 경험 역시 환자에게 직접적으로 연결된 것이다. 특히 디지털 헬스케어 혹은 커넥티드 헬스케어는 일반적인 의료장비 혹은 기기와는 다르게 '웰니스'의 형태로 만들어지고 일반인이 사용 가능한 형태의 제품과 서비스로 제공되고 있다. 그렇기에 고전적인 의료기관 혹은 의료진에 집중된 고객 경험이 아닌 확장된 개념의 고객으로 정의되어야 하고 동시에 단순 B2B와 B2C의 이분법적인 사업구조를 벗어나 B2B2C의 개념으로 새롭게 인식되어야 할 것이다.

최근 비즈니스의 주요 이슈는 '스마트 컨슈머(Smart Consumer)'로 제품이나 서비스를 구매할 때 스스로 가격비교부터 제품 리뷰, 각종 정보를 분석해 구매를 결정짓는 똑똑한 소비자를 말한다. 이 개념은 한국소비자원이 운영하는 소비자 교육 웹사이트로 시작하여 이제는 정착된 하나의 트렌드가 되어 기업 마케팅의 표준이 되어가고 있다. 하지만 의료 분야는 특성상 스마트 컨슈머를 양산하기 어려운 구조이다. 특히 관리 감독이 매우 중요한 의료 부분은 반드시 전문인으로 구성된 단체 혹은 집단을 통해 모니터링 되어야 실질적 가치를 가질 수 있다. 다만, 제한적인 정보로 수동적인 고객을 만들었던 과거와 달리 많은 정보를 습득하고 디지털 기기를 손쉽게 적용하는 스마트한 환자 고객들이 늘고 있는 상황은 일부 긍정적인 요소는 될 수 있다. 이 역시 디지털이 가져온 중요한 변화 중 하나로 볼 수 있을 것이다.

⊕ **표 1** 전통적 의료, 디지털의료, 커넥티드 의료의 차이

	전통적 의료	디지털의료	커넥티드의료
성격	치료 중심의 의료	예방, 예측 개인화의 의료	예방, 예측, 개인화, 치료의 의료
구조	B2B	B2C	B2B2C
이해 관계자	전문의료기관 혹은 의료인 그리고 정부로 국한	의료기관, 의료진과 환자 / 디지털 헬스케어 서비스 제공자와 환자	전통적 의료와 디지털의료의 이해관계자를 모두 포함하며 동시에 유기적인 결합

그림 30 커넥티드 헬스케어의 가치기반 커넥티비티

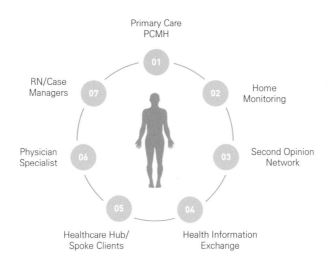

커넥티드 헬스케어의 고객 경험은 엔드 투 엔드(End to End)로 처음과 끝에는 늘 환자를 두고 모든 의료기관 및 의료진의 서비스가 온라인으로 컨트롤되는 동시에 하나의 플랫폼으로 구조화되고 모듈화되는 과정을 거쳐 의료의 4P를 성공적으로 이루는 것이다. 그렇다면 이렇게 특별한 고객 경험을 어떻게 전달할 수 있을지 현실적인 대안을 생각해야 한다. 가장 기본이 되는 것은 의료데이터의 개인화를 만들어 낼 수 있는 디지털 커넥티드 헬스 플랫폼의 제공이다. 인체의 생체 신호를 정확히 담을 수 있는 헬스 데이터 지갑을 만들어 실시간으로 고객에게 정보를 제공하고 고객의 동의를 통하여 전문의료기관 혹은 의료진에게 정보가 전달되면

의료진의 논리적 판단 아래 환자의 건강 상태를 예측하는 것이 홈 케어 서비스의 기본 방향이다. 홈케어 프로바이더의 지원으로 의료진의 요청에 따라 가정방문이 가능해지고 결과치를 다시 개인형 건강 데이터 지갑에 넣고 의료진과 동시에 정보를 공유할 수 있는 플랫폼 커넥티드를 실현해야 할 것이다. 커텍티드 헬스케어를 통해 과거의 수동적 의료를 벗어나 능동적 의료체계를 구축하는 것이다. 이를 현실적으로 가능케 하기 위해서는 반드시 정부와 의료기관의 인증제도 및 관리 제도가 매우 중요하며 동시에 물리적으로 늘어나는 건강 데이터를 프리스크리닝(Pre-screening)할 수 있는 인공지능(AI)의 개발이 절실하다.

고전적인 의료는 질병 치료에 머물렀다. 직관(Intuition)에 근거한 실험영역에서 기술 발달로 인하여 경험적 의학으로 이행되고 이는 확률적인 영역으로 발전하게 되었다. 지금은 디지털 기술의 발달로 인하여 개인별 맞춤 의학(Personalized medicine)으로 진화를 예측한 클레이 M. 크리스텐슨의 주장대로 커넥티드 헬스케어 안에서 개인형 건강관리가 가능한 온라인 플랫폼을 통한 고객 경험으로 의료가 바뀌고 있다. 고객 경험을 통해 스마트한 고객을 양산해 내고 결국 이해하기 어려운 의료가 아닌 누구나가 쉽게 본인의 건강을 체크하고 전문가와 실시간 소통할 수 있는 능동적 헬스케어 시장으로 변화하는 것이다.

그림 31   EHealth와 Digital Health의 비교

What is the difference between eHealth and digital health?

aHealth   V/S   Digital Health

IT is healthcare practice supported by the use of information technology in the healthcare space.	01	IT represents an evolutionary adaptation of the art & sciencof medicine to pervasive information and comunication tecnology.
The goal is to improve the accessibility and quality of care in the health system using ICTS.	02	The goal is to implement and leverage ICTs to deliver and scale healthcare to the messes.
eHealth tools include products, system and services that go beyong simply internet-based applications.	03	Digital health tools refer to the technologies that deliver services to consumer and patients and help them mange personal health and wellness.
Examples include electronic health records, health information networks, telemedicine services, health portals, etc.	04	Examples of such technology include apps, telemedicine, electronic medical records, connected medicine and smart homes.

인공지능(AI)은 의료에 있어서 다른 산업 분야에 비해 더 많은 기대치를 갖고 있다. 질병 진단에서 수술 지원에 이르기까지 AI는 치료에 많은 기여를 할 수 있을 것으로 예측되고 있다. 앞으로의 커넥티드 헬스케어의 서비스 프로바이더의 필수 조건으로 AI의 역할은 더욱 중요해지고 있다. 고품질의 헬스케어에 대한 요구가 늘어날수록 서비스는 지체되기 쉽

고 비용은 높아질 것이다. AI는 365일 24시간 대응이 가능하기에 환자에게 가장 먼저 응답할 수 있는 체계를 갖출 수 있는 능동적 대안이 될 수 있다.

그림 32 AI와 로봇공학이 바꾼 의료서비스의 8가지 개념

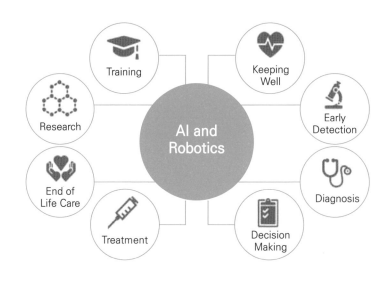

AI의 커넥티드 헬스케어의 활용은 매우 중요한 가치를 가지고 있다. 데이터를 통한 리서치뿐 아니라 환자의 이해를 돕는 교육과 초기 진단과 치료 등 결국에는 소비자로 하여금 건강에 대한 이해를 높이고 가정 치료가 가능하도록 환자의 순응도를 높이는 것이다. AI를 통해 예방적 의료와 진단의 정확성을 높여 치료에 있어서도 정확한 의사결정을 할 수 있도록 도와준다. AI는 이미 암과 같은 질병을 보다 정확하게 초기 진단하는 데

사용되고 있다.

오늘날 AI가 의료 서비스에 미치는 영향은 그간 의료가 발전해 온 질적·양적 성장보다 훨씬 더 빠르게 발전하고 있다. 폭발적으로 증가하는 건강관리의 요구에 대응이 가능한 정밀의료, 예측적 의료, 예방적 의료의 응답으로서 고객경험의 AI의 중요성은 더욱 커지고 있다. AI는 이제 커넥티드 헬스케어 서비스를 제공하는 데 있어 매우 중요한 필수 요소가 되었다.

그림 33 106개의 AI 기반 헬스케어 스타트업

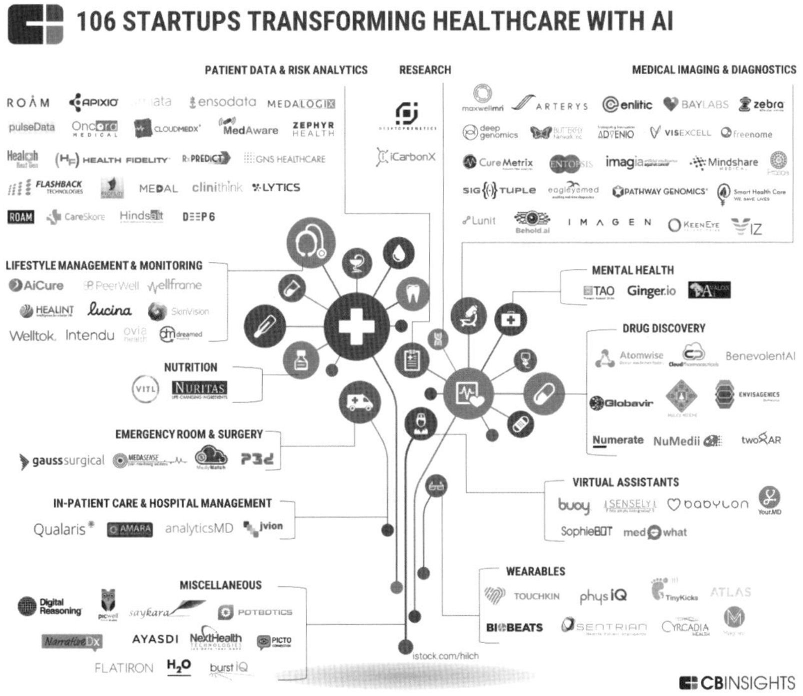

106 STARTUPS TRANSFORMING HEALTHCARE WITH AI

02

웰니스를 위한 환자 여정 구조화

다양한 디지털 기술의 발전으로 인하여 디지털 헬스케어와 AI 사업 모델이 결합한 강력한 디지털 생태계가 구축되고 있다. 하지만 부분적으로 편중된 아이템들로 전체적으로 볼 때는 미시적 접근에 그치는 모습이다. 건강한 사람이 환자로, 환자에서 다시 건강한 사람으로 돌아가는 일련의 과정에 대한 본질적 고객 여정에 대한 거시적 접근이 필요한 시점이다. 엔드 투 엔드(End to End)의 커넥티드 디지털 헬스케어의 구성을 본질적으로 고민해야 하는 사업자는 표면적으로 보면 정부 혹은 관련 기관으로 추측할 수 있으나, 이는 제도적 관점의 시작일 뿐, 생태계를 실질적으로 조성하는 역할은 디지털 사업자의 역량이다.

커넥티드 디지털 헬스케어는 단순한 가정과 병원 그리고 다시 가정으로 연결성을 갖는 인프라에 그치는 것이 아닌 각각의 질병에 대한 고객 여정을 시간 순서에 따라 맵핑하는 것을 기본으로 한다. 디지털 기술의 발달은 의료에 있어 환자로 하여금 참여적 의료를 만들어내고 있으며 다양한 연구에서 환자치료에 긍정적인 영향을 미치는 것으로 밝혀지고 있다. 디지털 의료기술의 혁신은 기술 및 임상 가능성에 대한 부분에만 강조되어 본질적인 환자 중심의 의료보다는 의료의 효율성 측면의 기술로 편중되고 있다. 일반적인 고객 여정은 사용자 중심의 서비스 디자인을 그 중심으로 하고 있기에 환자 중심의 고객 여정을 디자인하지 못하고 있다. 그러므로 의료기관 혹은 의료진 중심으로 편중된다면 결국 최종 사용자인 환자의 만족도를 이끌어내지 못할 것이다.

그림34 　환자 여정 지도

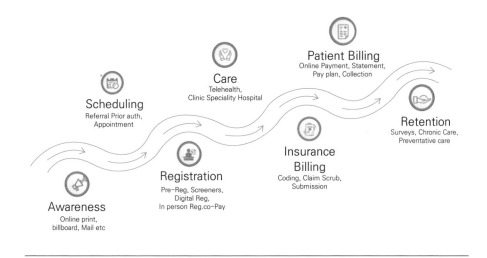

많은 의료기관은 환자들이 의료 서비스에 대해 긍정적인 인식을 갖도록 하기 위해 노력을 기울인다. 고객 경험에 대한 긍정 평가를 높이기 위

해서는 당연히 서비스에 대한 표준화 그리고 평가를 통한 지속적인 개선이 필요하다. 반면, 환자 중심의 고객 여정은 단편적인 의료 시설의 서비스 만족에 그치는 것이 아니다. 환자를 중심으로 한 모든 의료 시스템들과의 상호작용이 중요하다. 그 시작은 건강관리부터 시작되는 '인식'의 단계이다. 인식이란 치료에 대한 필요성을 인식하는 것이 아니라, 건강한 삶을 본인 주도로 만들어 나간다는 참여적 의료를 뜻한다. 셀프 케어에 대한 인식이 높아짐에 따라 웰니스 관련 제품이 시장에서 인기를 끌고 있으며, 다양한 헬스케어 온라인 플랫폼이 등장했다. 이들은 단순히 건강을 체크하는 데이터 활용의 단계를 넘어 예방적 의료까지 그 폭을 넓히고 있다.

건강 관리는 매우 복잡한 시스템이다. 따라서 환자가 쉽게 이해하고 모든 과정에 적극적으로 참여할 수 있는 플랫폼이 필요하다. 커넥티드 헬스케어는 디지털 기술로 제어된 플랫폼을 통해 환자의 경험과 참여를 이끌어내지 않고는 사업의 본질적 차별화를 만들어 내기 어렵다. 환자 중심의 고객 여정 맵핑은 건강 관리로부터 시작되는 모든 접점의 세부 정보를 취합하고, 부족한 지점을 식별하면서 사업의 기회를 발견해 낼 수 있다. 전체 커넥티드 디지털 헬스케어 시스템에서 연속적인 건강관리 및 치료 그리고 홈 케어에 대한 접근 방식을 정렬할 수 있다.

그림 35   환자 여정의 단계

Need	Scheduling Appointments	Initial Visit	Treatment	Post-Visit
Research about healthcare providers ——— Selection of heathcare provider	Checking for availibility ——— Scheduling appointment	Patient's impression about the healthcare organisation ——— Patient education	Dignostic Testing ——— Communication during treatment process	Completion of treatment ——— Follow-up care

Primary Experience Stewards Evaluated at Each Stage

- Referring Physicians
- Family & Friends
- Admission & Scheduling Staff
- Faculty/Medical Staff
- Ancilliary and Support Services
- Billing & Records Staff

Touchpoints Evaluation at Each Stage

03

커넥티드 헬스케어 혁신사례 I: 신장투석

  2019년 통계청 발표에 따르면 세계 인구 중 65세 이상 구성비는 2019년 9.1%에서 2067년 18.6%로 증가하는 데 반해 우리 나라 인구 중 65세 이상 구성비는 2019년 14.9%에서 2067년 46.5%로 증가하여 고령화 사회가 급속도로 도래하고 있음을 알 수 있다.

  고령화 사회가 되면 각종 만성질환자가 증가하게 되는데 그 중에서도 신장투석이 필요한 만성 콩팥병(Chronic Kidney Disease, CKD)이 12대 만성질환 중 환자 증가율이 가장 높다. 만성 콩팥병은 신장 손상이 3개월 이상 지속되어 제 기능을 발휘하지 못하는 경우를 말한다. 신장은 혈액 속 노폐물을 걸러 소변으로 배출하고 깨끗한 혈액을 다시 심장으로 돌리는 역할을 한다. 그런데 신장이 제 기능을 하지 못하면 몸에 독소가 쌓이면서 요독증, 급·만성 신부전, 단백뇨, 혈뇨 등의 질병을 초래하며 심할 경우 합병증으로 사망에 이르게 된다. 만약 단계별 치료에도 불구하고 신장 기능이 계

그림 36 고령화를 보여주는 미래의 인구 구성비

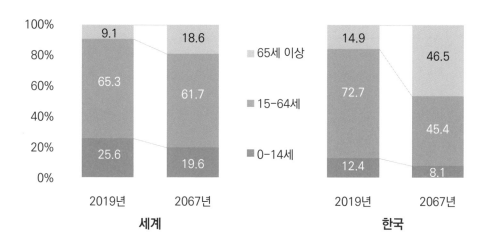

속 감소해 만성 콩팥병 5단계가 되면 신장 기능이 정상대비 15% 미만으로 감소해 혈액투석(HD, Hemodialysis), 복막투석(PD, Peritoneal Dialysis), 신장이식과 같은 신대체요법(Renal Replacement Therapy, RR) 치료를 시행하게 된다. 혈액투석은 국내에서 가장 흔히 사용되는 방법으로, 환자의 혈액을 기계에 연결된 투석기에 통과시켜 특수한 필터로 수분과 노폐물을 걸러낸 후 다시 환자의 체내에 주입하는 치료방법이다.

그림37 혈액투석 방법

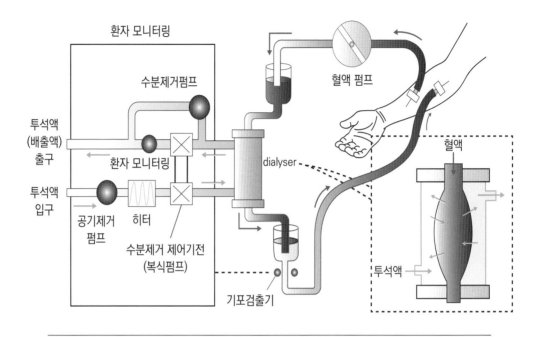

환자 모니터링

수분제거펌프

혈액 펌프

투석액
(배출액)
출구

환자 모니터링

dialyser

투석액
입구

공기제거
펌프

히터

수분제거 제어기전
(복식펌프)

기포검출기

혈액

투석액

복막투석은 환자가 자신의 복막을 이용하여 투석하는 방법으로서 환자의 복부에 특수 제조된 부드러운 관을 삽입하여 이 관을 통해 투석액을 주입하고 배액함으로써 체내 노폐물과 수분 등을 제거하는 방법이다.

건강보험공단 산정특례보고서(2008~2011년)에 따르면 복막투석 비용은 혈액투석에 비해 26% 저렴하다고 평가되고 있고 2018년 건국대 이건세 교수의 '혈액투석 및 복막투석 경제성 평가 결과 및 정책적 제언' 연구에서도 복막투석이 가성비가 높아 비용이 효과적임을 확인할 수 있다.

그림38　복막투석 방법

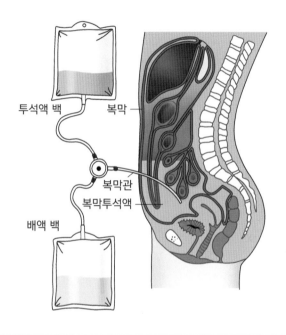

투석액 백
복막
복막관
복막투석액
배액 백

그럼에도 불구하고 2018년 기준 국내에서 신대체요법을 받고 있는 환자 10만 3,984명 중에서 혈액투석 77,617명, 복막투석 6,248명, 신장이식 20,119명으로 투석환자 중 약 90% 이상이 혈액투석을 받고 있다. 그 이유는 전국 대부분의 신장투석 의료기관이 혈액투석을 하고 있고 신장투석을 비즈니스로 진행하고 있는 회사 대부분이 혈액투석을 유도하기 때문이다. 또한 국민의료보험 체계도 혈액투석에 많은 비중을 두고 있어서 복막투석에 대한 지원이 상대적으로 부족한 것에도 원인이 있다고 하겠다.

　건강보험심사평가원이 공개한 2018년 혈액투석 현황자료에 따르면

2015년 1조 9,000억원 수준이었던 진료비는 2021년 3조원이 넘을 것으로 추산되고 있는 실정이다. 따라서 고령화 사회 진입에 따른 환자수 증가는 큰 사회경제적 비용을 요구하기 때문에 솔루션이 필요한 시점이다. 그 해결책 중 하나로 최근 신장투석 환자치료 분야에서 주목받고 있는 Baxter International의 신장관리사업(Renal Care Business)은 디지털 변혁 기반의 비즈니스 모델이라고 할 수 있다.

Baxter International Inc.는 미국 일리노이주 디어필드에 본사를 둔 포춘 500 의료회사이다. Baxter의 의료기기와 의약품은 전 세계 여러 병원과 가정에서 사용된다. 특히 복막투석 및 혈액투석 치료를 위한 제품, 종합영양 수액제, 수술용 지혈 및 마취제 등 신장질환 관리에 필수적인 제품과 서비스를 개발하여 제공하고 있다. 2017년에 BioScience와 Medical Product 두 사업에서 109억달러 매출을 달성하며 FMC(Fresenius Medical Care)에 이어 업계 2위에 올라섰다. 경쟁사인 FMC의 경우 혈액투석 관련 장비와 약제를 생산, 판매하는 동시에 신장투석 클리닉을 운영하고 있어 시장점유율이 높다.

그림 39 | Baxter 투석 제품

Baxter는 이에 대항해 복막투석 클라우드 솔루션인 'Sharesource'를 내놓았다. 환자가 집에서 스스로 복막투석을 쉽게 하는 동시에 병원에서 전문 의료진이 관리하는 것과 유사하게 투석환자 데이터의 체계적 관리를 가능케 한 시스템이라는 점에서 혁신적이다. 기존의 자동 복막투석 치료는 만성 신장질환자가 잠든 밤 동안 자동으로 투석액을 교환하는 치료 방식으로 낮 시간대에는 자유롭게 활동할 수 있다는 장점이 있다. 그러나 환자는 복막투석을 한 후 그 결과를 매일 수동으로 기록한 후 매월 1회 병원을 방문해 의사와 함께 치료기록을 확인해야 한다. 이에 따른 환자의 불편도 문제지만 기록의 정확성을 보장할 수 없어 처방된 치료의 준수 여부를 의료진이 모니터링 하는 데 제약이 많았다. Baxter의 Sharesource 는 이와 같은 불편함을 해소했다. 클라우드 기반의 환자 데이터 관리 시스템을 통해 자동 복막투석 다음날 Sharesource를 통해 치료 정보가 자동으로 기록하고 의료진이 그 내용을 검토, 분석, 평가할 수 있게 했다. 의료진은 환자의 체중과 투석 후 수분 감소량뿐만 아니라 투석 속도, 배출 빈도, 경보 빈도 등도 확인할 수 있다. 치료 중 중단이나 치료시간과 복용량에 임의적 단축이 있었는지를 감시하며 환자 상태에 따라 의사가 미리 설정한 데이터에 문제가 있을 경우 치료상의 문제점을 바로 식별할 수 있도록 붉은 깃발을 표시하여 알려준다. 이처럼 Sharesource를 통해 문제를 확인한 의사는 환자에게 병원 방문을 요청하고 대면하여 필요한 처방을 내릴 수 있다. Sharesource는 정보를 자동으로 기록하고 저장하기 때문에 환자의 편리성이 향상되며, 항상 의료진과 연계되어 있어 응급 상황을 줄일 수 있으며 맞춤형 환자 관리가 가능하여 치료 효과를 극대화할 수 있다. 이 시스템을 통해 축적된 데이터는 임상 연구 활용이 가능하며 환자에 대한 맞춤형 치료 계획 수립과 관리에 사용할 수 있다.

Sharesource는 2015년 미국에서 처음 도입된 이래 영국, 호주, 홍콩, 일본 등 전 세계 40개국에서 15,000여 명의 환자가 이용하고 있으며 500만 건 이상의 치료 사례를 가지고 있다. 우리나라에서도 2017~2018년 사이 임상연구를 통해 30명의 환자가 Sharesource를 이용했으며 서울대병원과 경북대병원 등에서 투석 환자들에게 이 플랫폼을 제공하고 있다. Baxter는 디지털 헬스케어 기술이 의료 서비스 품질 수준을 높여 공중 보건에 기여할 수 있을 것으로 전망하고 있다. 우리나라의 의료보험

제도와 우수한 병원 IT인프라 등을 고려해볼 때 환자 데이터를 전략 분석에 활용하게 되면 질병예측 강화와 치료방법 개선에 큰 도움이 될 것으로 기대하고 있다. 아울러 이 같은 기술을 부정맥과 만성폐쇄성폐질환(COPD)에도 활용한다면 치료의 질을 높이고 의료비를 합리적으로 사용하는 것 외에도 온디맨드 기반의 맞춤형 의료서비스 제공이 가능할 것으로 기대된다.

그러나 디지털화된 솔루션을 환자가 직접 구매하여 사용하기에는 아직 경제적 부담이라는 장벽이 남아 있다. 미국의 경우 Baxter자동 복막투석기의 가격은 약 $30,000이며 여기에 복막 투석액과 기타 액세서리를 포함하면 연간 지출 비용은 $40,000에 달한다. 환율 $1=1,200원으로 계산하면 3,600만원에서 4,800만원에 달하는 금액이라 개인이 부담하기가 쉽지 않다. 이를 볼 때 Baxter가 제시하는 CVP(Customer Value Proposition)는 고객인 환자 입장에서 재설계가 필요해 보인다. 한국의 경우 대부분의 의료제품을 국민건강보험 또는 장기요양 보험을 통해 제공하기 때문에 그렇지 않은 나라들에 비해 환자 입장에서 비교적 저렴한 가격으로 치료혜택을 누려 왔다. 그러나 자동 복막투석 장비처럼 고가의 제품은 보험 비급여 항목으로 설정되어 시장 가격이 적용됨에 따라 환자에게 매우 큰 경제적 부담이 되고 이는 기업의 시장 확대에 장애 요소가 된다.

가정 복막투석에서 가장 중요한 부분은 가정의 자동 복막투석 기기를 병원과 연결하는 클라우드 시스템이고 이를 제도적으로 뒷받침하기 위해서는 Sharesource를 활용한 원격감시(tele-monitoring)에 대한 의료보험 적용이 필수적이다. 하지만 한국의 경우 아직 원격감시에 대해 의료보험 수가가 정해져 있지 않아 Baxter의 입장에서는 높은 투자 대비 단기적인 수익 확보를 기대할 수 없어 큰 부담이 되고 있다. 또한 원격의료(tele-monitoring & tele medicine) 관련 정부정책도 미흡하여 Share-source가 국내에서 본격적으로 활용되려면 많은 시간이 걸릴 것으로 보인다.

그림 40   Sales & Lease Back Model

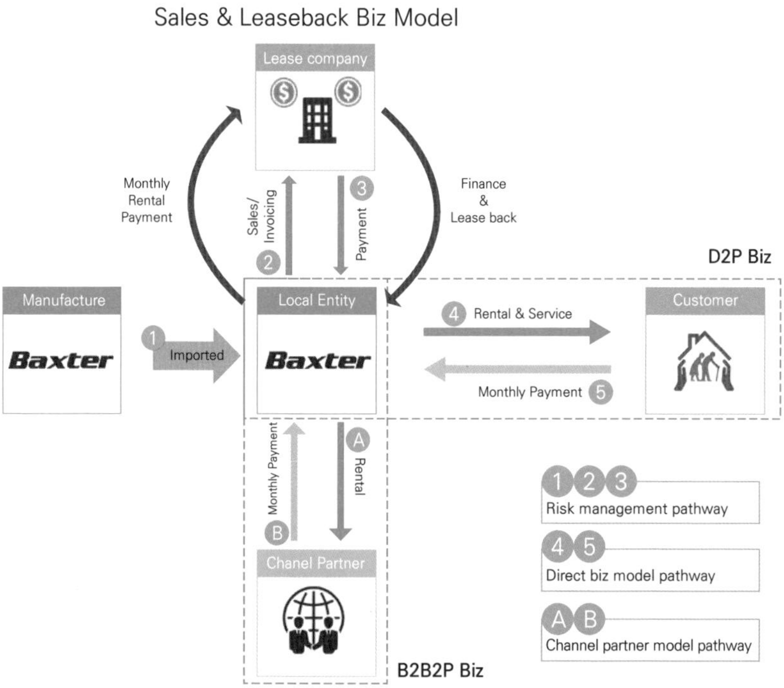

Sales & Leaseback Biz Model

이러한 상황을 극복하고 환자에게 혈액투석 대신 복막투석을 통해 환자에게 좀 더 나은 의료환경 및 삶의 질을 제공하기 위해 렌탈과 구독경제를 활용한 솔루션을 제시하고자 한다. 현재, 대부분의 의료보험 비급여 환경에서 제공되는 제품은 환자가 직접 의료기기를 구매하는 방식(Box selling and purchasing)이 주를 이루고 있다. 그러나 이는 환자에게 큰 경제적 부담을 주기 때문에 시장 확산에 적절하지 않다. 이에 대한 대안으로 복막투석 장비를 판매방식이 아닌 렌탈 사업 방식으로 변환시키고 투석할 때마다 반복적으로 사용되는 투석액과 액세서리를 하나의 상품으로 구성하여 매달 일정 금액을 지불하는 구독경제 방식으로 개편한다면 환자의 경제적 부담을 덜 수 있을 뿐만 아니라 주기적으로 필요한 투석액을 집에서 안전하고 편하게 배송 받을 수 있게 된다. Baxter 입장에서는 판매 대신 임대형태로 장비를 제공해야 하기 때문에 구매자가 늘어날수록 임대 자산이 묶여 자금 부담이 커지는 단점이 있다. 이는 추가적으로 리스 회사의 SLB(Sales & Lease Back) 모델을 적용하는 등의 방법으로 해결할 수 있을 것이다.

솔루션을 비즈니스 모델 관점에서 정리하면 〈표 2〉와 같다.

표 2 Baxter의 비즈니스 모델 요약

	New Business Model
CVP	· 클라우드를 이용한 가정에서의 투석(On-Demand service): 주기적 병원 방문에 따른 사회적 비용 축소 · 양방향 Communication(병원 - 가정) · 고가 복막 투석기기와 투석액에 대한 환자의 손쉬운 접근(임대형식의 Business model) · 혈액투석에 비하여 수면투석으로 일상생활에서 환자의 삶의 질 제고 · 투석치료에 대한 정확한 데이터관리로 맞춤형 환자치료 가능 · 혈액투석보다 높은 신장기능 보존율 · 혈액투석에 비해 심혈관계 부담이 적음 · 음식 및 수분 섭취 제한이 혈액투석보다 더 자유로움
Profit Formula	· Sales & Lease Back Business Model : 자동 복막 투석기 · Subscription Business Model : 투석액 및 액세서리 · 임대 방식(자동 복막 투석기)과 구독 경제 비즈니스 모델(투석액 및 액세서리)의 융합으로써 안정적인 수익 창출 가능
Key Resources	· 병원 EMR system과의 연결에 필요한 기술(Sharesource와 병원 EMR에 대한 연결성) · Sharesource를 사용하는 환자의 의료 데이터 보안 · 임대 비즈니스 모델 구현을 위한 협력사 발굴(리스 회사) · 구독경제 구현을 위해 필요한 배송 솔루션 확보
Key Process	· Sharesource 관리 프로세스 · 임대 및 구독 비즈니스의 표준 계약절차 · Sharesource를 활용한 Value Stream Mapping development

디지털 변혁과 4차 산업혁명으로 대표되는 오늘날의 기업환경에서 새로운 가치를 기반으로 성장하는 신규 시장 진입자와 어떻게 경쟁하고 살아남을지가 중요한 생존문제로 대두되고 있다. 그런 측면에서 On-Offline 결합을 통해 제공 가능한 On-Demand service는 현재와 미래에 가장 강력한 생존전략이 될 것이다. 앞서 살펴본 사례에서 FMC는 혈액투석

장비와 투석 클리닉 센터를 결합하여 지배적 사업자로서 위치를 점하고 있었으나 Baxter가 on-offline(클라우드 기반 환자관리시스템 + 복막투석 장비)을 결합한 On-Demand 서비스를 렌탈(투석장비)과 구독경제(투석액 및 액세서리) 솔루션으로 제시함에 따라 물리적 자산(혈액투석 자비 + 투석 클리닉 센터)에 집중하는 경쟁사보다 우위에 설 수 있는 가능성이 높아졌다고 평가받고 있다. 이처럼 혁신하지 않는 기업은 설사 시장지배적 위치를 점유하고 있다 하더라도 혁신을 통해 새로 진입하는 신규 진입자에게 무너질 가능성이 높다. 기업은 고객이 지불한 가격에 비해 제공하는 가치를 끊임없이 높이면서 가치-원가 딜레마를 해결해야만 살아남을 수 있기 때문이다. Baxter의 사례 및 대안 제시를 통해 확인할 수 있는 점은 디지털 변혁의 시대에 가장 중요한 점은 바로 on-demand 서비스 관점에서 고객이 필요로 하는 가치를 완벽하게 이해하고 고객의 기대 수준을 압도하는 가치를 제공할 수 있도록 비즈니스 모델을 만들어야 한다는 것이다. 그런 면에서 Baxter의 새로운 비즈니스 모델을 평가할 때 다음과 같은 질문들을 적용해 볼 수 있겠다.

1. 새로운 비즈니스 모델은 고객의 입장에서 필요한 가치를 제공하는가?: 10명의 환자에게 Baxter의 새로운 서비스를 구매할 의사가 있느냐고 물었을 때 8명 이상(80%) 이상이 그렇다고 답을 할 수 있는가?
2. 다른 기업 대비 차별화된 경쟁력이 있는가?: 해당 자산이나 역량을 업계의 다른 경쟁사도 보유하고 있는가? 그렇다면 무엇이 Baxter의 Solution을 경쟁자와 차별화시켜 주는가?

3. 경쟁사 혹은 미래의 경쟁자가 모방하기 어려운가?: 경쟁자가 Baxter의 솔루션을 모방하는데 걸리는 시간이 길어서 Baxter가 충분한 여유를 갖고 경쟁자들과 격차를 벌릴 수 있는가?

COVID-19로 외부 활동은 대부분 멈췄고, 경제는 역성장했다. 하지만, 위기 속에서도 몇몇 기업은 매출 성장과 함께, 사상 최고치로 주가를 갈아치우면서 M&A로 사업을 계속 확장하고 있다. 디지털 트렌드를 진두지휘하고, 비대면 솔루션을 계속적으로 강조하고 준비해 온 기업들이다. 분명 포스트코로나 시대에도 지금 경험하고 있는 변화는 계속될 것이 분명하다. 이와 같이 디지털로 인해 기존 질서가 파괴되면서 기업의 경영환경의 불확실성은 더욱 높아지고 있다. 디지털 기술의 발전과 이로 인한 초연결성의 확대로 기존 비즈니스의 구조와 전략이 해체되고 가치 사슬은 재편된다. 보수적으로 인식되던 의료분야도 더 이상 이 흐름을 피할 순 없다. 디지털 기술에 기반한 커넥티드케어는 기존 의료서비스 생태계의 가치 사슬과 비즈니스 모델을 급격히 변화시키고 있으며 이러한 흐름에 대응전략을 어떻게 수립하는지에 다른 미래가 전개될 것으로 생각된다.

커넥티드 헬스케어 혁신사례 II: 수면장애

　건강보험심사평가원의 통계에 따르면 국내 수면 장애를 겪는 환자는 꾸준히 늘어 2015년 45만 6,124명이던 환자 수가 2019년에는 63만 7,328명으로 약 40%까지 증가하였다. 이중 코를 골며 자다 호흡이 일시적으로 정지되는 수면무호흡증은 저호흡 상태가 반복되어 폐질환, 고혈압, 부정맥, 심장질환 및 뇌혈관계 합병증 등을 유발한다. 대사증후군의 발병에도 밀접한 인과관계가 있다는 연구 결과도 보고되고 있다.

　미국 위스콘신대 연구진의 조사에 따르면 22년간 수면무호흡증의 질병을 갖고 있는 환자를 추적 조사한 결과 증상의 정도에 따라 암 사망 위험이 10%에서 최고 5배까지 높아지는 것으로 나타났다. 특히 암환자의 경우 수면무호흡증으로 산소가 부족하면 암세포가 부족한 산소를 보충하기 위해 새로운 혈관을 계속 만들며 암세포가 확산된다는 연구 결과가 있다.

그림 41   수면무호흡 증상

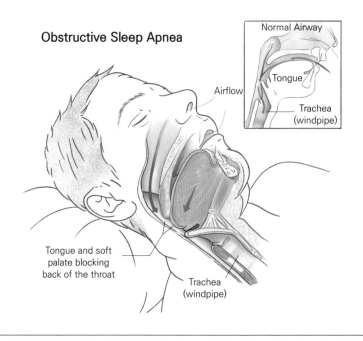

Obstructive Sleep Apnea

Normal Airway

Tongue

Trachea (windpipe)

Airflow

Tongue and soft palate blocking back of the throat

Trachea (windpipe)

수면무호흡증은 수면다원검사(PSG)를 통해 진단하고 그 원인을 정확히 파악해 양압기(CPAP)를 통해 치료하는 것이 기본이다. 양압기는 잠자는 동안 기도를 열어 산소를 공급받을 수 있게 하는 가장 일반적인 치료기기다. 수면 무호흡증에 대한 가장 일반적인 치료법이다. 잠자는 동안 기도를 열어 두어 필요한 산소를 공급받을 수 있다. 양압기(CPAP)는 수면의 질을 크게 향상시키고 심장 질환 및 뇌졸중을 포함한 여러 가지 건강 문제에 대한 위험을 줄일 수 있다. 양압기(CPAP)는 코와 입을 통해 지속적인 공기를 전달하여 기도를 열어 두는 데 도움을 주는 장비로서 널리 활용되고 있다. 물론 수면무호흡증을 치료하는 다른 대안도 있다. 치과에서 사용하는 맞춤형 구강 기구를 경증 또는 중증도의 수면 무호흡증에 사용할 수 있고, 체중감량을 통해 주요 발병 원인 중 하나인 비만을 벗어나는 방법도 있다. 또한 수면 무호흡증은 골격 이상에 의해 유발되기도 한다. 이 경우 연조직 제거 혹은 턱 위치 변경 등의 수술을 진행하기도 한다. 그러나 비침습적이고 보다 효과적인 치료 효율 면에 있어서 양압기 치료가 가장 많이 활용되고 있다.

| 그림 42 | 양압기와 그 치료 원리 |

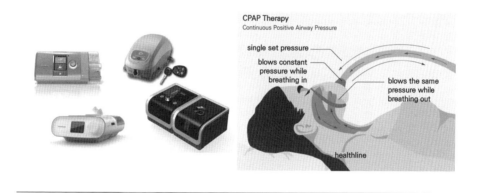

양압기 치료는 집에서 환자가 직접 진행해야 하고, 의료진도 실질적으로 환자의 순응도와 치료에 대한 부분을 직접 확인할 수 없기 때문에 많은 어려움이 있는 것이 사실이다. 환자는 수면 중 마스크를 착용하는 데 불편함을 느끼기 때문에 치료에 대한 순응도에 한계가 있다. 또한 양압 치료에 대한 기간 및 사용에 관련된 정확한 데이터가 존재하지 않아 의

료진은 정확한 처방을 내리기 어려웠고, 한국의 경우 순응도에 대한 정확한 측정값이 없어 보험 인정 기준을 통과하는 데 제약이 있었다. 필립스 (PHILIPS)는 이러한 어려움을 해결하기 위해 환자의 양압치료에 대한 순응도를 정확히 확인하고 치료에 대한 모니터링을 정확히 할 수 있는 케어 오케스트레이터(Care Orchestrator)를 제안했다. 이는 가정에서 양압치료에 대한 어려움을 해결하며 동시에 병원에서 전문 의료진으로 하여금 손쉽게 각각의 환자에 대한 데이터를 관리하여 그간의 단점을 혁신적으로 해결할 수 있는 시스템을 구축하였다.

그림 43   PHILIPS 社의 케어 오케스트레이터

필립스의 케어 오케스트레이터는 클라우드 기반의 환자 데이터 관리

시스템을 통해 양압치료에 대한 자료를 기록하고 의료진이 해당 자료를 검토하고 분석 평가하도록 할 수 있도록 환자 케어 시스템이다. 자동으로 환자의 데이터를 기록하고 저장하기 때문에 환자의 셀프 치료 데이터를 향상시켜 본인의 양압치료에 대한 편리성을 향상시키고 의료진과의 연계성을 높여 의료진의 보호 관리하에 진행될 수 있는 맞춤형 환자 관리가 가능하도록 하여 치료를 극대화시킬 수 있게 된 것이다.

케어 오케스트레이터는 양압치료를 본격화하고 있는 한국과 일본, 프랑스 및 미국에 사용되고 있으며 우리 나라에서도 2018년 보험 적용이 시작된 후 많은 환자가 해당 프로그램을 경험하게 되었다. 커넥티드 헬스케어 시스템이 의료서비스 품질 수준을 높여 많은 수면 무호흡증에 어려움을 겪고 있는 환자에게 보다 긍정적으로 치료가 될 수 있도록 사용되고 있는 좋은 예다. 특히 양압기 치료는 우수한 국내 병원의 IT인프라를 고려하였을 때 환자 데이터를 전략 분석에 활용한다면 더욱 많은 환자 순응도에 대한 연구가 이루어지게 될 것으로 기대된다. 또한 이런 기술이 호흡기 계통의 질환에 더 적극 활용되어 산소발생기 및 인공호흡기의 가정 사용이 일반화된다면 질병 치료 효과를 높이고 의료진과의 연계를 더 공고히 해 진화된 홈 헬스케어 환경을 구축하는 기반이 될 것이다. 이것이 바로 온디맨드 성격의 맞춤형 의료 서비스로 진화하는 길이다.

그러나 국내와는 다르게 다른 나라에서는 수면무호흡 치료의 디지털 솔루션이 공공 급여에 해당하지 않아 환자가 직접 구매해 사용하고 있다. 미국의 경우 필립스의 자동 양압기 가격은 약 $3,000이며 여기에 마스크와 기타 액세서리를 포함하면 연간 지출 비용은 $3,500에 달한다. 환율

$1=1,200원으로 계산하면 360만~420만원에 달하는 금액이라 개인이 부담하기가 쉽지 않은 상황이라 하겠다. 이를 고려할 때 필립스가 제시하는 CVP는 고객인 환자 입장에서 재설계가 필요해 보인다.

한국의 경우 대부분의 의료제품을 정부가 관리하는 국민건강보험 또는 장기요양보험을 통해 제공하기 때문에 그렇지 않은 나라들에 비해 환자입장에서 비교적 저렴한 가격으로 치료혜택을 누릴 수 있다. 그러나 양압기 장비처럼 고가의 제품은 보험에서 제공하지 않는 비급여 항목 혹은 본인 부담 100%로 설정되어 시장가격이 적용됨에 환자에게 매우 큰 경제적 부담이 되고 이는 기업의 시장 확대에 장애요소가 된다. 이러한 상황을 극복하고 환자에게 좀 더 나은 의료환경 및 삶의 질을 제공하기 위해 앞서 예로 든 Baxter의 Sharesource와 같이 렌탈 솔루션과 구독경제를 활용한 솔루션이 필요해 보인다. 추가적으로 리스 회사를 활용한 재무 솔루션 역시 함께 고려해 볼 수 있다. 이는 Baxter의 사례에서 볼 수 있듯이 판매 후 다시 빌려온다는 뜻에서 SLB(Sales & Lease Back) 모델이라 부른다. 이 모델을 적용하면 필립스 입장에서 리스에 따른 이자 비용을 지불해야 하는 단점이 있지만 초기 투자자금 부담을 덜 수 있을 뿐만 아니라 리스회사에게 지불해야 하는 월 상환금을 환자 또는 채널 협력사로부터의 회수자금과 일치시켜 운영자금에 대한 부담을 덜 수 있다. 또한, 신규환자가 늘어나면서 렌탈 자산의 압박을 상쇄시켜 Care Orchestrator와 연결된 가정 양압치료 장비를 환자에게 안정적으로 제공할 수 있다는 장점이 있다.

표 3 필립스의 수면무호흡 비즈니스 모델 요약

	New Business Model
CVP	· 클라우드를 이용한 가정에서의 양압기치료(On-Demand Service): 주기적 병원 방문에 따른 사회적 비용 축소 · 양방향 Communications(병원 – 가정) · 고가의 양압기와 마스크에 대한 환자의 손쉬운 접근(임대형식의 Business model) · 경제적 비용으로의 자유 · 침습적 수술에 비하여 비침습적 양압기 치료로 일상생활에서 환자의 삶의 질 제고 · 양압치료에 대한 정확한 데이터관리로 맞춤형 환자치료 가능 · 수면 무호흡증에 대한 근본적 치료
Profit Formula	· Sales & Lease Back Business Model: 양압기/자동 양압기 · Subscription Business Model: 마스크 및 액세서리 · 임대 방식(양압기)과 구독 경제 비즈니스 모델(마스크 및 악세서리)의 융합으로써 안정적인 수익 창출 가능
Key Resources	· 병원 EMR System과의 연결에 필요한 기술(Care Orchestrator와 병원 EMR에 대한 연결성) · Care Orchestrator를 사용하는 환자의 의료 데이터 보안 · 임대 비즈니스 모델 구현을 위한 협력사 발굴(리스 회사) · 구독경제 구현을 위해 필요한 배송 솔루션 확보
Key Process	· Care Orchestrator 관리 프로세스 · 임대 및 구독 비즈니스의 표준 계약절차 · Care Orchestrator를 활용한 Value Stream Mapping development

커넥티드 헬스케어 모델의 혁신 방안

디지털 헬스케어를 고민하는 많은 기업들 중 정확한 사업 모델에 대해서 깊은 고찰을 하는 경우는 드물다. 고전적인 헬스케어 사업의 경우 정부의 보조 아래 보험의 구조를 이해하면 충분히 안정적인 사업을 펼칠 수 있었지만, 디지털 생태계 안에서는 단순히 제품만 잘 만들면, 그리고 정부 제도의 보험급여 타깃만 잘 적용하면 사업이 될 것이라는 착각은 버려야 한다. 디지털 헬스케어 시장의 파괴력은 이미 앞서 예로 든 두 가지 실증적인 사례에서 볼 수 있듯이 많은 시사점을 주고 있다. 디지털은 기기, 전문가 집단 등 단순히 한 부분의 변화가 아니라 가정과 병원, 다시 가정으로 연결되는 디지털 헬스케어 안의 연결성, 즉 커넥티드케어를 빼고 논할 수 없다. 예를 들어 양압기 치료의 경우 분명 병원에서 처방 후 공공급여의 형태로 지원받게 만들지만 환자의 실증적인 사용에 대한 정확한 데이터가 존재하지 않다면 정부의 급여지출에 대한 정확한 이해가 어렵게 될 것이다. 때문에 환자 치료에 관련된 정확한 데이터 확인이 디지털 헬스케어에 있어서 매우 중요한 부분이 될 것이다. 또한 의료의 개념이 단순히 의료기관 혹은 의료인으로만 제한되는 것이 아니라 가정 치료 혹은 홈 헬스케어라는 명제로 확장되어야 한다.

디지털 변혁으로 인해 의료의 범주는 확장되고 있다. 특히 가정에서 건강관리가 이뤄지고 또한 조기에 모든 질병이 확인된다면 질병으로 인한 사회적 비용에 대한 혁신적인 개혁이 일어날 것이다. 의료의 미래는 단순히 내일의 미래가 아니라 현실의 명제이며 이미 의료와 통신 전자의 모든 부분에서 일어나고 있다. 이 시점에서는 디지털 생태계를 긍정적으로 연계시키고 어떻게 관리하고 통제해야 하는지 본질적인 고찰이 필요하다. 의료의 본질이 치료의 중심에서 머무르는 것이 아니라 가정에서부터 시작된 관리와 진단이 실증적으로 준비되어야 하는 시기이다. 또한 의료 정보가 의료기관과 의료인에만 머무르는 것이 아니라 모든 이에게 열린 형태로 변화해 가고 있다. 제약산업 그리고 의료기기 산업 분야도 단순히 잘 만든 제품이면 성공한다는 생각은 버려야 한다. 단순히 의료기관 혹은 의료인으로부터 사용이 지정된 제품이나 서비스가 아니라 환자가 우리의 서비스를 혹은 제품을 왜 사용해야 하는지에 대한 보다 근본적인 고찰이 없다면 성공을 장담할 수 없을 것이다. 의료 시장이 더 이상 B2B에 머무르지 않고 B2B2C의 시장으로 변화되고 있으며, 커넥티드케어의 현실화를 위한 제반 여건들이 준비되고 있음은 자명한 현실이다.

06

하이퍼 커넥티드 헬스케어 사업의 미래

산업과 업종 간 경계가 무너지고 있는 현시대에 디지털 헬스케어는 타 산업에 비해 특히 관련된 업종이 다양하여 이해관계 측면에 있어서도 매우 다른 시사점을 갖는다. 디지털 헬스케어의 성공을 도모하기 위해서는 단순히 어떤 산업군 혹은 집단의 성공만으로는 어렵다. 특히 디지털의 특성으로 손에 꼽는 타 산업 간의 융합을 고려한다면, 디지털 생태계 안에서 모든 이해관계자가 머리를 맞대고 발전안을 고민하며 상생할 수 있는 구조를 그려야 한다. 디지털 헬스케어는 단순한 IT의 영역이 아니며 동시에 제약, 전자 혹은 의료기기의 영역만으로 구축되지 않는다. 좀 더 고도화된 디지털 헬스케어, 특히 커넥티드 헬스케어의 성공을 위해서는 정부 부처와 모든 의료기관, 의료진, 전자, IT, 통신, 제약, 의료기기 등이 총망라된 특별위원회를 만들어 거시적인 발전 방향과 계획을 수립해야 한다. 지난 시간 의료 시스템의 성장에는 많은 제약 사항들이 있었고, 차세대 의료의 모습을 실효성 있게 준비하지 못한 부분은 인정해야 한다. 산업군마다 디지털 헬스케어를 정의하고 해석하는 입장이 달랐던 것도 사실이다. 의료는 더 이상 제한적인 이해관계자가 이끄는 산업이 아니다. 디지털의 파괴적인 혁신을 앞두고 미래 의료를 위한 통합과 논의, 성찰은 국가적인 대과제임이 분명하다.

이 글에서는 디지털 헬스케어 그리고 커넥티드 헬스케어가 어떻게 구동되며 그 활성화 방안은 무엇인지 제시하고 신장투석(복막투석) 및 수면무호흡(양압기 치료)에 관련된 예시를 통하여 디지털 헬스케어 및 커넥티드 케어의 현실을 볼 수 있었다. 이러한 실증적 판례를 통하여 사회적인 변화와 추세에 맞는 의료 시장 개혁의 필요성을 역설했다. 다양한 이해 관계자가 모여 디지털 그리고 커넥티드케어에 관련된 의료행위 규정을 논의하고, 건강관리 서비스의 구체적인 가이드라인을 세우는 동시에 보건의료 데이터의 활용 및 보안에 관련된 정확한 제안이 필요한 시점이다.

마이클 포터는 새로운 경쟁자가 등장하면 해당 산업의 가격뿐 아니라 경쟁을 위한 투자 규모에까지 광범위한 영향을 미치게 된다고 말했다. 포터에 의하면 고정비용이 크고 변동비용이 적은 산업의 경우 신규 진입 경쟁자는 높은 초기 투자비용을 치룰 수밖에 없어 진입장벽은 높다고 설명했다. 4차 산업 그리고 소셜 네트워크 기반의 툴이 활성화된 이후에는 기존 기업의 방대한 고객 정보와 경험은 새롭게 시장에 진입하는 신규 기업에는 항상 큰 벽으로 다가온다. 더군다나 커넥티드 제품과 서비스로 인해 산업 간의 경계가 허물어지면서 신규 기업의 시장 진입이 더 어려워진 것이 사실이지만 기존 헬스케어 혹은 의료에 기반을 둔 업체 혹은 조직에서

그동안 소비자에게 제공해왔던 제품과 서비스에 국한된 확장은 한계가 존재할 수밖에 없다. 다양한 전자 통신 IT기반의 신규 기업과 조우해 새로운 고객 경험을 제공할 수 있는 서비스를 만들지 못한다면 이제 더 이상 시장에서의 경쟁력을 확보하기 어렵다.

기존 시장의 플레이어 중, 상품 혹은 서비스 공급자의 힘이 강한 경우는 1) 공급자가 판매하는 시장의 경쟁이 공급자가 속한 시장의 경쟁보다 강한 경우, 2) 공급자가 속한 시장이 하나의 시장에 종속적이지 않은 경우, 3) 공급자 변경 시 비용이 발생하는 경우, 4) 공급자가 제공하는 상품이 차별적인 경우, 5) 공급자의 물품이 대체재가 없는 경우, 그리고 6) 공급자가 해당시장에 직접 진출할 수 있는 경우라고 마이클 포터는 주장하고 있지만 4차 산업과 소셜 네트워크의 강력한 힘으로 인하여 제품 라이프사이클 전반에 걸쳐 가치 창출 사슬과 관련된 조직과 관리 체계는 새로운 형태를 선보이고 있다. 때문에 커넥티드 헬스케어의 네트워킹을 통해 중요 정보를 실시간으로 사용할 수 있는 서비스 혹은 연결체계로 사람, 기계, ICT 시스템의 연계를 기반으로 궁극적으로 가치 사슬 전체가 통합됨과 더불어 자율적으로 작동되는 시스템을 마련해야 한다.

과거에 기업의 제품과 서비스에 대한 긍정적인 측면만 강조된 일방적인 기업 홍보는 네트워크의 발달로 실효성을 잃고 있다. 인스타그램(In-stagram), 페이스북(Facebook) 등과 같은 SNS(소셜 네트워크서비스, Social Network Service)의 등장으로 소비자의 협상력이 극대화되고 스마트 컨슈머가 늘고 있다. 과거 의료산업은 그 특성상 기업의 홍보 및 네트워크의 발달이 지극히 제한적이었지만 디지털의 파괴적인 혁신으로 인하여 의료 시장에도 소비자와 소비자, 기업과 소비자 간의 상호작용이 강화되면서 제품과 서비스에 대한 상세하고 방대한 정보가 기업의 관여 없이 흐르고 있다. 즉, 어떤 기업의 제품과 서비스가 사용자 경험(UX) 창출에 충실한 지 여부와 소비자 개개인에 맞춘 제품과 서비스를 공급하고 있는지는 기업의 경쟁 요소이며 핵심역량이 되었다. 일반인 그리고 환자에 대한 네트워크의 강력한 툴을 적극적으로 활용하여 고객과 소통하고 대화해야 살아남을 수 있다는 의미이기도 하다.

포터는 대체재에 관하여 해당 상품 혹은 서비스의 기능을 대신할 수 있는 것이나 때로는 전혀 다른 산업군에서 대체재의 역할을 할 수도 있으므로 분석의 범위를 넓힐 필요가 있다고 지적하며, 대체재의 위협이 강할 경우는 비슷한 대체 기능에 가격 경쟁력이 있을 경우, 소비자가 대체재로 변경하는 비용이 적을 경우라고 말한다. 의료의 경우 커넥티드 제품과 서비스를 제공하면서 시장에서 차별성과 경쟁력을 확보한다면 대체재의 위험은 약화될 것이다. 하지만, 커넥티드 제품과 서비스는 공유경제(Sharing Economy)를 가능하게 만들고 있다. 즉, 제품에 대한 서비스를 이용하는 것이 아닌 서비스에 대한 제품을 이용하는 개념이 생겨나고 있는 것이다. 이 역시 소비자를 중심으로 한 사용자 경험(UX)을 창출하는 서비스 영향력이 확장되고 있음을 보여준다.

4차 산업 그리고 기업 간 경쟁에 우위에 서기 위해서는 모든 제품의 기술적인 부분, 즉 IOT를 활용한 Connected technology를 이용한 제품과 서비스를 통해 수집될 수 있는 사용자, 즉 고객의 정보를 활용해 타 기업과의 차별성과 동시에 경쟁력을 확보하여 고객이 원하는 On Demand의 Service를 충분히 제공해야 한다. 이제는 고객의 데이터를 단순히 수집하는 것이 아니라, 이를 근거로 고객이 원하는 서비스를 원하는 때, 원하는 장소에서, 원하는 형태로 제공해야 하는 것이다. 이러한 맞춤형 서비스로 경쟁의 우위를 선점하기 위해서는 디지털 헬스케어의 모듈에 대해 정확히 이해하고 그 연결성(Connectivity)에 집중해야 한다.

Chapter

06

결론

COVID-19로 인해 인간의 건강에 대한 본질적 물음과 스스로 건강을 관리하고자 하는 노력이 전 세계적으로 일어났다. 의료체계에 있어서도 비대면 진료가 현실화되는 등 고전적인 의료를 벗어난 디지털 혁신이 적용되고 있다.

프로이트는 인간의 본능을 두 가지로 크게 나누었다. 생의 본능과 죽음의 본능, 이는 인간의 가장 근본적인 욕구인 동시에 삶과 죽음에 대한 인간의 가장 기본적인 그리고 본능적인 욕구를 말하는 것이다. 헬스케어 산업이 각광을 받고 미래의 산업이 될 수 있는 이유는 분명히 인간의 본능에 충실한 산업이기에 고령화가 빠르게 진행되는 상황에서 유망하다고 할 수 있다. 이는 경제의 논리 혹은 경기에 대한 예민성을 뛰어넘는 생의 본능이며 동시에 생을 연속적으로 건강하게 유지하고 싶은 인간의 본능을 기반으로 한 산업이기 때문이다.

모든 기업들이 바이오 헬스케어 산업에 많은 관심을 보이는 이유는 바이오 헬스케어 산업이 인간의 본능에 관련된 산업이기에 타 산업에 비해 더 안정적이고 높은 부가가치를 만들어 낼 수 있기 때문이다. 또한 헬스케어 산업 중 특히 디지털 헬스케어 산업은 분명 4차 산업혁명에 가장 중심에 있기 때문에 헬스케어 산업에 관심을 두지 않았던 많은 기업들이 이제는 헬스케어 산업에 출사표를 던지고 다양한 시도를 하고 있음은 바이오 헬스케어를 사랑하고 천직으로 알고 있는 본인에게도 흥분되는 일이다.

바이오 헬스케어 특히 디지털 헬스케어의 산업과 그 성장성에 열광하는 것은 COVID 19 이후 더 더욱이 그 열기가 꺼지지 않고 계속되는 것을 볼 수 있다. 디지털 헬스케어의 성장은 분명 디지털 기술의 발달이 우리의 실생활에 깊숙하게 연결되어 있음을 알려주는 것이고 다양한 시장의 플레이어가 유입된다는 것은 산업적인 성장과 동시에 많은 기술적 성장을 동반하게 되는 것이다. COVID 19를 거치고 난 후 우리는 디지털 헬스케어라는 단어를 너무나 친숙하게 듣게 되었고 일선 회사에서는 사업의 중심 축으로 선언하며 많은 사업의 진출을 만들어 내고 있다. 또한 산업계의 발전을 밑바탕으로 정부정책에도 많은 영향을 미쳐 '바이오 헬스 신시장 창출 전략' 및 다양한 정책적 관심으로 정부의 헬스케어 산업에 대한 의지를 충분히 보여주고 있다.

하지만 디지털 헬스케어라는 분야를 고민하기에 앞서 차상위에 있는 바이오 헬스케어 산업을 정확히 이해해야 한다. 이는 바이오 헬스케어 산업의 본질을 정확히 이해하고 어떤 가치 구조를 갖고 있으며 누가 헬스케어 산업의 고객인지에 대한 근본적인 답을 할 수 있어야 한다는 것이다.

많은 중소기업과 대기업에서도 헬스케어 혹은 바이오 산업의 성장성과 고령화로 인한 시장의 성장 및 확대에 많은 전략적 투자와 신사업의 모습을 그리는 것이 사실이다. 하지만 기대감이 손에 잡히는 실체로 바뀌지 않으면 바이오 헬스케어 사업은 쉽게 무너질 수 있으며 바이오 헬스케어라는 테마가 지속적인 동력을 얻고 세상에 혁신을 일으키기 위해서는 그 기대감이 실체화되어야 한다.

코로나 전후로 디지털 헬스케어에 대한 열망과 폭발적인 관심이 많은 헬스케어 스타트업 그리고 대기업으로 하여금 출사표를 내도록 만들었다. 대표적인 예가 헬스케어의 이름을 가지고 있는 웨어러블이다. 헬스케어 웨어러블 사업이 처음 시장에 선보였을 때 기업들이 일반인을 고객으로 타깃을 삼고 예방과 관리의 개념을 선보여 혁신적이었지만 일반인들에게 활동량 측정 웨어러블은 단순히 재미를 넘어선 효용을 제공하지 못했고 그러다 보니 유행이 지나자 고객의 관심에서 멀어지게 되었다.

해당 웨어러블 사업의 근본적인 한계는 고객에게 주기적으로 생체 신호를 측정하는 것에 대한 근본적인 솔루션을 제공하지 못했고 또한 주기적으로 데이터를 측정하면 얻을 수 있는 효용을 명확하게 제시하지 못했기 때문에 단순 유행으로 머무르고 그 다음 단계로 나아가지 못했던 것이다.

이는 디지털 헬스케어의 본질을 정확히 이해하지 못하고 단순한 소비재 제품의 사업에 가깝게 이끌었기에 빠르게 흥망성쇠를 만들었다고 할 수 있다. 고객은 분명 웨어러블을 사용한 이후 그 다음의 서비스를 제공받기를 희망했으나 웨어러블 디바이스는 단순 생체 신호만을 측정하는 도구에 머물러 있었기에 헬스케어 웨어러블 사업의 한계를 넘지 못했던 것이다.

만약 웨어러블 디바이스에서 측정된 연속적 생체 신호를 기반으로 나의 데이터가 가까운 병원의 주치의에게 전송이 되고 주기적으로 측정된 변화 값이 모니터링, 관리가 된다면 분명 단순 측정에만 머물렀던 헬스케어 웨어러블은 다음 단계로 진화할 수 있는 모멘텀이 되었을 것이다.

이런 디지털 웨어러블의 사례에서 볼 수 있듯이 어떤 헬스케어를 우리가 생각해야 하는지 그리고 유행을 따라가는 헬스케어가 아닌 실체화되고 현실적인 그리고 가장 중요한 우리의 고객에게 처음부터 마지막까지 문제를 해결할 수 있는 솔루션을 제공함으로써, 흔들리지 않는 커넥티드 디지털 헬스케어를 고민하고 구체화해야 할 것이다.

우리가 준비하고 만들어야 하는 바이오 헬스케어와 디지털 커넥티드 헬스케어의 본질은 건강한 삶의 연속성(Healthy life continuum)을 구체화하는 것이다. 즉, 건강한 삶에서 시작되어 예방, 진단, 치료 그리고 홈 케어까지 삶의 여정에 기반한 넓은 영역을 바이오 헬스케어 사업의 근간으로 두고 가정에서 병원으로 병원에서 가정으로 연결된 커넥티드 헬스케어를 구축하는 것이 그 시작이 될 수 있으며 이것으로 커넥티드 헬스케어의 생태계와 사업의 포트폴리오를 구체화할 수 있다

성공적인 커넥티드 헬스케어 기반 디지털 헬스케어 사업의 중요점을 정리하면 다음과 같다.

첫째, 커넥티드 헬스케어 기반 디지털 헬스케어의 생태계에 대한 목표를 분명히 해야 한다. 누가 우리의 고객인가? 우리의 고객은 어떤 문제가 있는가? 우리가 고객에게 줄 수 있는 솔루션은 고객의 문제에 대한 시작과 끝을 해결하는가? 고객의 문제에서 시작되어 고객의 문제를 해결하는 데 사업의 목표와 미션 그리고 핵심가치를 명확히 두어야 한다

둘째, 실증적이고 현실적인 전략을 준비해야 한다. 적을 알고 나를 알면 백전백승이라는 말이 있다. 누구나가 쉽게 쓰는 말이지만 실증적이고 현실적인 전략을 준비하기 위해서는 반드시 나를 먼저 알아야 하는 것이다. 많은 전략들이 추상적 개념과 이론적 논쟁에 치우친 접근이 많아 실증적이고 현실적인 전략을 설정하는 데 많은 어려움이 있다. 전략의 본질에 다가서기 위해서는 반드시 어떠한 추상적 개념 혹은 이론이 아닌 고객의 문제를 해결하기 위한 고려사항을 통합적으로 고찰하여 전략을 준비해야 한다.

셋째, 비즈니스 모델을 정확하게 준비해야 한다. 기술이 좋고 제품이 좋으면 고객이 찾을 것이라는 생각은 더 이상 디지털 시대에 어울리지 않는다. 고객가치 제안과 이익공식, 핵심자원과 핵심 프로세스로 구성되는 비즈니스 모델은 실증적이고 현실적인 전략을 대변하며 동시에 고객의 관점으로 상업화하는 과정을 구체적으로 밝혀준다. 비즈니스 모델을 통하여 전략에 대한 실증적이고 현실적인 검토의 과정을 준비할 수 있으며 사업의 본질에 대한 상업적 당위성을 확고히 할 수 있다.

넷째, 반드시 디지털의 기술이어야 한다. 헬스케어의 본질은 고객으로 하여금 신뢰를 구축하여 오류가 없는 작업 및 프로세스를 만들어 자동화해야 하고 고객이 원하는 때에 원하는 형태로 원하는 서비스를 제공하는 온디맨드 서비스여야 한다. 또한 고전적인 헬스케어는 인적자원에 의존도가 높아 효율성을 떨어트릴 수 있기 때문에 디지털 기술을 통하여 운영 및 유지보수 비용을 줄이고 리소스를 효율적으로 활용해야 해야 하며 동시에 시간을 절약해 개인화된 경험과 서비스를 향상시켜 고객 만족도를 높이고 더 나은 고객과의 관계를 형성해야 하기 때문이다.

디섯째, 다양한 경험을 보유한 헬스케어 인재를 등용해야 한다. 많은 기업에서 스타트업에 이르기까지 새로운 파괴적 혁신의 바이오 헬스케어를 고민하고 계획하며 신 사업의 전략을 만들어내고 있다. 하지만 안타깝게도 다양한 기업에서 각광받던 신사업에 큰 성과를 이루지 못한 것은 전략과 실행의 주체인 사람에 대한 이해가 결여되어 단편적인 시각만을 가지고 이끌었기 때문이다.

1900년대 초부터 여러 학자에 의해 연구된 기업가 정신을 완벽하게 정의하기는 어렵지만 디지털 시대의 새로운 기업가 정신은 다양한 요소의 결합을 구체화하고 창조적 파괴의 과정을 새로운 디지털 변화의 기회로 활용하는 것이며 동시에 기회에 초점을 두고 총체적으로 접근한다는데 있다고 대부분의 연구자들이 동의하고 있다. 지금까지 앞에서 다룬 디지털 헬스케어의 커넥티드케어는 디지털 기술에 기반하여 환자를 중심으로 한 모든 의료 부분이 통합되고 모듈화되는 것을 의미한다. 이는 헬스케어 전체 생태계에서 생존과 성장의 조건을 수반하게 된다. 이 모든 과정에는 기존과는 다른 기업가 정신이 필요하다. 기업은 성공하기 위해 고객의 문제를 정확히 진단하고 완벽한 솔루션을 고객에게 전달하여야 한다. 하지만 고객의 경험을 통해 전달되는 모든 솔루션의 시작은 조직 구성원들이 가지고 있는 지식과 경험에 수반되며 어떻게 고객의 문제를 창의적으로 해결하여 가장 최적화된 온디맨드 솔루션을 제공하는지가 매우 중요한 역량이라고 할 수 있다.

모든 디지털 솔루션 특히 커넥티드케어 솔루션을 구성하기 위해서 가장 바탕이 되는 것은 '인재(사람)'이다. 모든 환자 그리고 건강을 고려하고 있는 모든 고객의 불편함을 정확히 이해하고 그에 대한 대안을 찾으며 솔루션을 계획하고 구체화하며 조직의 힘으로 해결할 수 있는 것과 없는 것을 구분할 줄 알아야 한다. 결국 고객에게 가장 효과적이며 안전한 솔루션을 주는 것은 모두 사람으로부터 시작된다. 그러므로 인재의 중요성, 확장해서 올바른 기업가 정신은 융복합을 근본으로 하는 모든 디지털 산업의 시작과 끝이라고 할 수 있다. 특히 디지털 헬스케어의 경우 고객의 건강을 최우선에 둔 사고법, 여기에 창의성을 갖고 있는 인재에 대한 요

구가 매우 중요하다

  디지털 기술 혁신에 맞서 어떻게 새로운 질서를 형성해 나가야 하는지, 혁신적 방향의 기업가 정신은 무엇인지에 대해 국가와 산업 전반의 깊은 고민이 시작됐다. 기술 혁신에 따른 비즈니스 모델에 대한 고찰과 함께 이러한 가치를 현실화하는 기업가 정신이 함께 준비되어야 한다. 디지털 시대에 맞는 기업가 정신은 불확실성을 정확히 수용하고 기회를 포착하여 혁신적인 가치의 사슬을 창출하고 가치를 분배하는 활동을 통해 사회의 안정적인 성장을 도모하고 고용을 확대할 수 있는 모든 활동이라고 이야기할 수 있다. 기업가란 기존과는 다른 디지털 시대에는 '디지털 생태계의 기회를 발견하는 힘' 그리고 새로운 해결 능력을 통해 '고객의 가치를 창출하는 힘'을 가진 사람을 의미하는 것이다. 이는 단순히 회사를 창업하거나 운영하고 경영하는 수준을 뛰어넘어서 완전한 새로운 일 혹은 가치를 창출하는 사람을 이야기하며 동시에 이제는 디지털 기술을 이용하여 어떻게 우리가 고객인 환자 혹은 건강을 생각하는 일반인 고객에게 더 이상적인 서비스를 제공해야 하는지를 명확히 이해하는 것이다.

  디지털 헬스케어는 이러한 기업가 정신을 바탕으로 한 커넥티드케어를 통해 개인 맞춤형 서비스로 발전해 나가야 경쟁의 우위를 선점할 수 있다. 사람을 최우선에 둔 서비스에 다양한 이해관계자의 합의, 이로써 헬스케어 데이터의 융복합을 통해 우리가 기대하고 있는 커넥티드 디지털 헬스케어의 중심가치인 예방적 의료, 맞춤적 의료, 참여적 의료, 예측적 의료를 앞당길 수 있기를 바란다.

참고 및 인용

강태욱. (2020). 데이터 3법 통과… 의료·AI 등 산업 탄력 전망. KISO 저널, (38), 25-29.

김기영, 김현주, & 허정식. (2019). 원격진료시범사업과 관련한 비교법적 과제-원격진단과 치료의 법적 문제. 의생명과학과법, 21, 5-29.

김예원, 한세미, & 김기성. (2018). 중고령층의 디지털헬스케어 서비스 사용의도 결정요인에 관한 연구. 정보사회와 미디어, 19(3), 1-23.

김용진. (2017). 4차산업혁명과 산업생태계의 변화 및 대응 방안. 한국경영학회 통합학술발표논문집, 1585-1591.

김용진. (2021). 디지털 변혁과 클라우드의 역할. 한국경영학회 융합학술대회, 112-121.

김유진. (2012). 헬스케어 서비스를 위한 모바일 디바이스 및 어플리케이션 수용의도에 관한 탐색적 연구. 한국콘텐츠학회논문지, 12(9), 369-379.

김성윤. (2015). 고객 중심 경영을 위한 국내 기업의 디자인적 사고 활용 사례 분석. 상품문화디자인학연구(KIPAD 논문집), 43, 55-66.

김성윤, & 김기영. (2014). oneM2M 사물 인터넷 플랫폼 기술 동향, 한국정보과학회 정보과학회지, Vol. 21, No.2, 22-29.

김승환, & 정득영. (2020). ICT 융합 기반의 비대면 헬스케어 기술 동향. 한국통신학회지 (정보와통신), 37(9), 77-84.

김장묵. (2017). 보건의료분야에서의 인공지능기술(AI) 사용 의도와 태도에 관한 연구. 융합정보논문지 (구 중소기업융합학회논문지), 7(4), 53-60.

김장한. (2021). 의사 환자 간 원격 의료의 의료법상 적법성에 관하여 - 원격환자에 대한 처방 중심으로, 의료법학, 22(1), 3-23.

김종엽, & 이관익. (2020). 비대면 의료서비스의 장점 및 필요성, 대한내과학회지, 95(4), 217-227.

김종혁. (2019). AI 시대의 의료 환경 변화. 대한외과학회 학술대회 초록집, 12-13.

김진숙, & 오수현. (2020). 디지털 융복합시대에 원격의료 규제 완화에 관한 쟁점 분석. 디지털융복합연구, 18(12), 445-457.

김철중. (2022). 코로나가 불붙인 원격 의료, 현재와 미래. KISO 저널, (46), 38-41.

권민진, & 이상식. (2008). 성공적인 고객경험관리(CEM)를 위한 고객 접점 및 프로세스 관리: 사례를 중심으로. 한국서비스경영학회 학술대회, 41-54.

노시형, 이충섭, 정창원, 김태훈, 김경원, & 윤권하. (2019). 클라우드 기반의 스마트 헬스케어 서비스를 위한 Connected Radiology Care System 환경 구축. 한국정보처리학회 학술대회논문집, 26(2), 199-200.

박대웅. (2022). 보건의료 마이데이터의 국내외 동향과 시사점. 한국품질경영학회 춘계학술발표논문집, 39-39.

박지훈, 송승재 & 배민철. (2020). 디지털치료제 기술동향과 산업전망, PD Issue Report Vol. 20-3.

박혜정, 조수진, 조송이, 이상은, 장혁재, 송시영, ... & 한태화. (2017). 고령자를 위한 커넥티드홈 환경 지원 플랫폼 제안. 대한전자공학회 학술대회, 1416-1417.

배지영. (2010). 건강보험 보장성 확대가 의료이용 및 건강수준에 미치는 영향. 사회복지연구, 41(2), 35-65.

백경화, & 하은아. (2021). 모바일 기반의 디지털 헬스케어 플랫폼에 관한 연구: 스마트 웰니스를 중심으로. Archives of Design Research, 34(1), 101-112.

백롱민. (2016), ICT와 디지털 헬스케어 융합 통한 정밀의료 실현 가속화, 보건산업진흥원 VOL.49.

변충규, 김석호, & 하환호. (2022). 디지털 기업가정신 분야의 연구동향 분석
　　과 연구방향 제언. 지역산업연구, 45(1), 117-142.

보건복지부 국립정신건강센터 보도자료. (2020). 디지털 치료제 국내도입을
　　위한 협력, 보건복지부.

서경화. (2020). 디지털 헬스의 최신 글로벌 동향. 의료정책포럼, 18(2), 98-103.

석재은. (2010). 공급자 관점에서의 노인장기요양보험제도의 개선방안. 보건
　　복지포럼, 2010(10), 34-44.

신동희, 정재열 & 강성현. (2013).사물인터넷 동향과 전망,인터넷정보학회 학
　　회지, 14권2호, 32-46.

엄혜은, 김지혜, 한승진, 최연미, & 최윤정. (2022). 디지털 기술의 건강보험
　　보장방법에 대한 고찰: 5개 국가 중심.

유민호, & 김은경. (2012). 서비스디자인 사례연구. 커뮤니케이션 디자인학연
　　구, 39, 31-39.

유태우. (1997). 원격진료시대의 도래. 대한의사협회지, 40(12), 1687-1695.

이강윤, & 김준혁. (2016). 인공지능 왓슨 기술과 보건의료의 적용.

이민화. (2016). 디지털헬스케어의 미래, 보건산업진흥원, VOL.49.

이원복. (2021). 원격진료 실시에 수반되는 법적 쟁점들에 대한 고찰. 의료법
　　학, 22(1), 57-90.

이상대. (2018).차세대 바이오센서 연구개발 기술동향 및 정책제언, KHIDI 전
　　문가 리포트, 한국보건산업진흥원.

이진수. (2020). 코로나19 진단기기 산업현황 및 수출 전망, 보건산업브리프
　　vol. 303, 한국보건산업진흥원.

이선희. (2009). 한국의 신의료기술평가제도. Korean Journal of Clinical
　　Oncology, 5(2), 47-64.

이주희. (2020). 디지털 헬스케어 시대의 원격진료 필요성에 관한 소고. 동아
　　법학, (88), 245-272.

이수영, 김성환, 방영롱, 장세헌, 배우용, & 김상준. (2021). 폐쇄성수면무호흡증에서 우울 증상이 양압기 치료의 효과와 순응도에 미치는 영향. 생물치료정신의학, 27(3), 190-199.

이성훈, & 이동우. (2014). 융복합 시대의 사물인터넷에 관한 연구. 디지털융복합연구, 12(7), 267-272.

윤대혁, & 박민생. (2007). 경영자의 기업가정신의 결정요인에 관한연구. 인적자원관리연구, 14(2), 99-121.

왕헌, 송영근 & 고순주. (2013). 통신환경 변화에 따른 M2M 산업생태계 및 파급효과 분석, IT 이슈리포트 2013-7, ETRI, p.6.

장금성, 정경희, & 김윤희. (2018). 국내 의료서비스디자인연구 동향분석. Journal of Korean Academy of Nursing Administration, 24(1), 85-96.

장욱, 이승환, 김춘배, & 김기경. (2010). 우리나라 원격의료제도의 개선을 위한 비교법적 연구-미국, 호주, 일본의 원격의료를 중심으로. 한국의료법학회지, 18(1), 79-104.

전정자, & 정영미. (2000). 혈액투석환자와 복막투석환자의 자아존중감과 삶의 질 비교. 성인간호학회지, 12(4), 706-716.

정일영, & 이예원. (2020). 팬데믹에 대응하기 위한 디지털 헬스케어 혁신. Future Horizon, 56-61.

정우수, 김사혁 & 민경식. (2013). 사물인터넷 산업의 경제적 파급효과 분석, 인터넷정보학회 학회지, 14권 5호, 119-128.

정의현. (2004). DIY 디바이스를 위한 IoT 플랫폼 동향 및 사례, 한국통신학회지(정보와통신), 제31권, 9호, 59-65.

정현정. (2000). 웹기반의 원격교육시스템을 이용한 혈액투석환자 간호 교육 프로그램 개발과 효과에 관한 연구(Doctoral dissertation, 연세대학교 보건대학원).

최윤미, 류정현, 이상훈, 박한림, & 오헌석. (2015). 사회적기업가정신의 구성요소와 형성과정에 관한 연구. HRD 연구(구 인력개발연구), 17(1), 189-221.

최용전, & 엄주희. (2022). 코로나-19 팬더믹에서의 원격의료와 의료윤리. 토지공법연구, 189-204.

최윤섭, '원격의료 집중 해부 (1) 원격 환자 모니터링',

최윤섭. (2018). 의료 인공지능, 서울: 클라우드나인.

한구영, 윤지윤, & 전은경. (2022). 원격의료 합법화를 고려한 건강보험 정책 제언: 원격진료플랫폼, 원격모니터링기기, 디지털 치료기기 및 재택치료의료기기 중심으로. HIRA RESEARCH 2022;2(1), 36-46

Ash, J. S., Berg, M., & Coiera, E. (2004). Some unintended consequences of information technology in health care: The nature of patient care information system-related errors. Journal of the American Medical Informatics Association, 11(2), 104-112.

Anthony, N. (2009). Connected Care. British Journal of Healthcare Assistants, 3(12), 593-593.

Akter, S., Babu, M. M., Hossain, M. A., & Hani, U. (2022). Value co-creation on a shared healthcare platform: Impact on service innovation, perceived value and patient welfare. Journal of Business Research, 140, 95-106.

Bason, C., & Austin, R. D. (2019). The right way to lead design thinking. Harvard Business Review, 97(2), 82-91.

Cockayne, D. G. (2016). Sharing and neoliberal discourse: The economic function of sharing in the digital on-demand economy. Geoforum, 77, 73-82.

Craig, J., & Petterson, V. (2005). Introduction to the practice of telemedicine. Journal of telemedicine and telecare, 11(1), 3-9.

Davenport, T., & Kalakota, R. (2019). The potential for artificial intelligence in healthcare. Future healthcare journal, 6(2), 94.

Dempsey, C., Wojciechowski, S., McConville, E., & Drain, M. (2014). Reducing patient suffering through compassionate connected care. The journal of nursing administration, 44(10), 517-524.

Dempsey, C., & Assi, M. J. (2018). The impact of nurse engagement on quality, safety, and the experience of care: what nurse leaders should know. Nursing administration quarterly, 42(3), 278-283.

Eckhardt, J. T., & Shane, S. A. (2003). Opportunities and entrepreneurship. Journal of management, 29(3), 333-349.

Farouk, A., Alahmadi, A., Ghose, S., & Mashatan, A. (2020). Blockchain platform for industrial healthcare: Vision and future opportunities. Computer Communications, 154, 223-235.

Finkelstein, S. M., Speedie, S. M., & Potthoff, S. (2006). Home telehealth improves clinical outcomes at lower cost for home healthcare. Telemedicine Journal & e-Health, 12(2), 128-136.

France, D. J., Levin, S., Hemphill, R., Chen, K., Rickard, D., Makowski, R., et al. (2005). Emergency physicians' behaviors and workload in the presence of an electronic whiteboard. International Journal of Medical Informatics, 74(10), 827-837.

Gilboa, S., Seger-Guttmann, T., & Mimran, O. (2019). The unique role of relationship marketing in small businesses' customer experience. Journal of Retailing and Consumer Services, 51, 152-164.

Halvorsrud, R., Kvale, K., & Følstad, A. (2016). Improving service quality through customer journey analysis. Journal of Service Theory and Practice, 26(6), 840-867.

Haverinen, J., Keränen, N., Falkenbach, P., Maijala, A., Kolehmainen, T., & Reponen, J. (2019). Digi-HTA: Health technology assessment framework for digital healthcare services. Finnish Journal of eHealth and eWelfare, 11(4), 326-341.

Heinzelmann, P. J., Williams, C. M., Lugn, N. E., & Kvedar, J. C. (2005). Clinical outcomes associated with telemedicine/telehealth. Telemedicine Journal & e-Health, 11(3), 329-347.

Homburg, C., Jozić, D., & Kuehnl, C. (2017). Customer experience management: toward implementing an evolving marketing concept. Journal of the Academy of Marketing Science, 45(3), 377-401.

Ibrahim, H., Liu, X., Zariffa, N., Morris, A. D., & Denniston, A. K. (2021). Health data poverty: an assailable barrier to equitable digital health care. The Lancet Digital Health, 3(4), 260-265.

Jain, V., & Sakhuja, S. (2014). Structural investigation of a healthcare value chain: A social network analysis approach. In 2014 IEEE International Conference on Industrial Engineering and Engineering Management 179-183.

Jayadevappa, R., & Chhatre, S. (2011). Patient centered care-a conceptual model and review of the state of the art. The Open Health Services and Policy Journal, 4(1).

Joubert, M., Benhamou, P. Y., Schaepelynck, P., Hanaire, H., Catargi, B., Farret, A., ... & Charpentier, G. (2019). Remote monitoring of diabetes: a cloud-connected digital system for individuals with diabetes and their health care providers. Journal of diabetes science and technology, 13(6), 1161-1168.

Kapoor, A., Guha, S., Das, M. K., Goswami, K. C., & Yadav, R. (2020). Digital healthcare: The only solution for better healthcare during COVID-19 pandemic?. Indian Heart Journal, 72(2), 61-64.

Leone, D., Schiavone, F., Appio, F. P., & Chiao, B. (2021). How does artificial intelligence enable and enhance value co-creation in industrial markets? An exploratory case study in the healthcare ecosystem. Journal of Business Research, 129, 849-859.

Lusk, J. M., & Fater, K. (2013). A concept analysis of patient–centered care. In Nursing forum, Vol. 48, No. 2, 89-98.

Maizes, V., Rakel, D., & Niemiec, C. (2009). Integrative medicine and patient-centered care. Explore, 5(5), 277-289.

Matthews, J., & Wrigley, C. (2017). Design and design thinking in business and management higher education. Journal of Learning Design, 10(1), 41-54.

McConnochie, K. M. (2015). Pursuit of value in connected healthcare. Telemedicine and e-Health, 21(11), 863-869.

McEvoy, R. D., Antic, N. A., Heeley, E., Luo, Y., Ou, Q., Zhang, X., ... & Anderson, C. S. (2016). CPAP for prevention of cardiovascular events in obstructive sleep apnea. New England Journal of Medicine, 375(10), 919-931.

Milburn, A. B. (2012). Operations research applications in home healthcare. Handbook of Healthcare System Scheduling, 281-302.

Mocker, M., & Ross, J. (2018). Digital Transformation at Royal Philips.

Moon, H. S. (1999). Factors Influencing Sleep Apnea. Tuberculosis and Respiratory Diseases, 47(3), 293-303.

Naditz, A. (2010). Royal Philips, Vodafone expand presence in mo-
bile home health. Telemedicine and e-Health, 16(1), 8-9.

Noh, S. H., Lee, C., Jeong, C. W., Kim, T. H., Kim, K., & Yoon, K. H.
(2019). Construction of Connected Radiology Care System En-
vironment for Cloud based Smart Healthcare Service. In Pro-
ceedings of the Korea Information Processing Society Confer-
ence (pp. 199-200). Korea Information Processing Society.

Omboni, S. (2021). Connected health: in the right place at the right
time. Connected Health, 1(1), 1-6.

Paglialonga, A., Cleveland Nielsen, A., Ingo, E., Barr, C., & Laplan-
te-Lévesque, A. (2018). eHealth and the hearing aid adult pa-
tient journey: a state-of-the-art review. Biomedical engineer-
ing online, 17(1), 1-26.

Poonsuph, R. (2022). The Design Blueprint for a Large-Scale Tele-
health Platform. International Journal of Telemedicine and
Applications, 2022.

Powell, J. A., Darvell, M., & Gray, J. A. M. (2003). The doctor, the pa-
tient and the world-wide web: how the internet is changing
healthcare. Journal of the royal society of medicine, 96(2),
74-76.

Quy, V. K., Hau, N. V., Anh, D. V., & Ngoc, L. A. (2022). Smart health-
care IoT applications based on fog computing: architecture,
applications and challenges. Complex & Intelligent Systems,
8(5), 3805-3815.

Shiferaw, K. B., Tilahun, B. C., & Endehabtu, B. F. (2020). Healthcare
providers' digital competency: a cross-sectional survey in a
low-income country setting. BMC Health Services Research,

20(1), 1-7.

Stanimirovic, D., & Vintar, M. (2015). The role of information and communication technology in the transformation of the healthcare business model: a case study of Slovenia. Health Information Management Journal, 44(2), 20-32.

Sutherland, K., Phillips, C. L., & Cistulli, P. A. (2015). Efficacy versus effectiveness in the treatment of obstructive sleep apnea: CPAP and oral appliances. J Dent Sleep Med, 2(4), 175-181.

Thapa, C., & Camtepe, S. (2021). Precision health data: Requirements, challenges and existing techniques for data security and privacy. Computers in biology and medicine, 129.

Walters, D., & Jones, P. (2001). Value and value chains in healthcare: a quality management perspective. The TQM magazine, 13(5), 319-335.

Weinstein, R. S., Lopez, A. M., Joseph, B. A., Erps, K. A., Holcomb, M., Barker, G. P., & Krupinski, E. A. (2014). Telemedicine, telehealth, and mobile health applications that work: opportunities and barriers. The American journal of medicine, 127(3), 183-187.

그림 출처

〈그림 1〉 Germany Home Healthcare Market to Be Valued at US$ 4,446.9 (globenewswire.com)

〈그림 2〉 Healthcare – Health Records – Apple

〈그림 3〉 셔터스톡

〈그림 4〉 Frontiers | Digital Technology-Based Telemedicine for the COVID-19 Pandemic(frontiersin.org)

〈그림 5〉 개인건강기록(PHR) | 사업소개 : 한국보건의료정보원(k-his.or.kr)

〈그림 6〉 Applying the Maslow's Hierarchy of Needs to product management | productboard

〈그림 7〉 e-Health-Connect – IOT Platform for Healthcare – Technical Data

〈그림 8〉 셔터스톡

〈그림 9〉 The Role of Smart Homes in Intelligent Homecare and Healthcare Environments – ScienceDirect

〈그림 10〉 Platform services for independent living at smart homes(asmag.com)

〈그림 11〉 정책 〉 건강보험 〉 보험정책 〉 관리운영체계 내용보기 | 보건복지부(mohw.go.kr)

〈그림 12〉 Digital disease management program – A responsive approach to manage chronic diseases during a pandemic – Wellthy Therapeutics

〈그림 13〉 Where is the digital health market heading? – TechMed 3D blog

〈그림 14〉 IMS Health, Eurimonitor, 한화투자증권

〈그림 15〉 셔터스톡

〈그림 16〉 Digital healthcare innovation approach | Philips

〈그림 17〉 Philips Introduces Cloud-enabled Enterprise Imaging Informatics and Analytics Solutions at HIMSS22 | Imaging Technology News(itnonline.com)

〈그림 18〉 http://www.medical-tribune.co.kr/news/articleView.html?idxno=109922

〈그림 19〉 Digital Health News | Business Models for Connected Health Solutions in the Smart Home(parksassociates.com)

〈그림 20〉 Customer-First Strategy | This Is Why You Should Adopt It | Peekator

〈그림 21〉 AI and robotics are transforming healthcare: Why AI and robotics will define New Health: Publications: Healthcare: Industries: PwC

〈그림 22〉 Cloud computing in the health care industry | by Alexander Raif | Medium

〈그림 23〉 Connected healthcare: Improving patient care using digital health technologies - ScienceDirect

〈그림 24〉 Wearable and flexible sensors for user-interactive health-monitoring devices - Journal of Materials Chemistry B(RSC Publishing)

〈그림 25〉 Holter Heart and Event Monitors Tampa | Cardiovascular Center Tampa, Clearwater, St. Petersburg(advancedcardio.com)

〈그림 26〉 A flexible ECG patch compatible with NFC RF communication | npj Flexible Electronics(nature.com)

〈그림 27〉 What is a CPAP Machine, Benefits, Usage Tips - Drugs.com

〈그림 28〉 Diagram of most common telehealth services and their workflow. EHR,... | Download Scientific Diagram(researchgate.net)

〈그림 29〉 중소벤처기업부 규제자유특구기획단 특구관리팀 '의료데이터 활용을 통한 정밀의료산업 활성화 추진' 2022.12.7 보도자료

〈그림 30, 31〉 Connected Health-The Advanced Model of Healthcare Delivery osplabs.com)

디지털 의료의 미래, 커넥티드 헬스케어

초판발행   2024년 9월 10일

지은이   조남민
펴낸이   안종만·안상준

편 집   배근하
기획/마케팅   최동인
표지디자인   이은지
제 작   고철민·김원표

펴낸곳   (주) **박영시**
                서울특별시 금천구 가산디지털2로 53, 210호(가산동, 한라시그마밸리)
                등록 1959. 3. 11. 제300-1959-1호(倫)

전 화   02)733-6771
f a x   02)736-4818
e-mail   pys@pybook.co.kr
homepage   www.pybook.co.kr
ISBN   979-11-303-1890-5 93320

정 가   22,000원